傷痕の真実

―監察医の見た児童虐待

医師　河野朗久　著

株式会社　新興医学出版社

目次

本書の本文中に出てくる登場人物、地名などは医学的所見を除いてすべて架空のものです。また、本書中に使用したイラストや絵画等については、すべて原作者もしくは所有者の使用許可を取得しています。

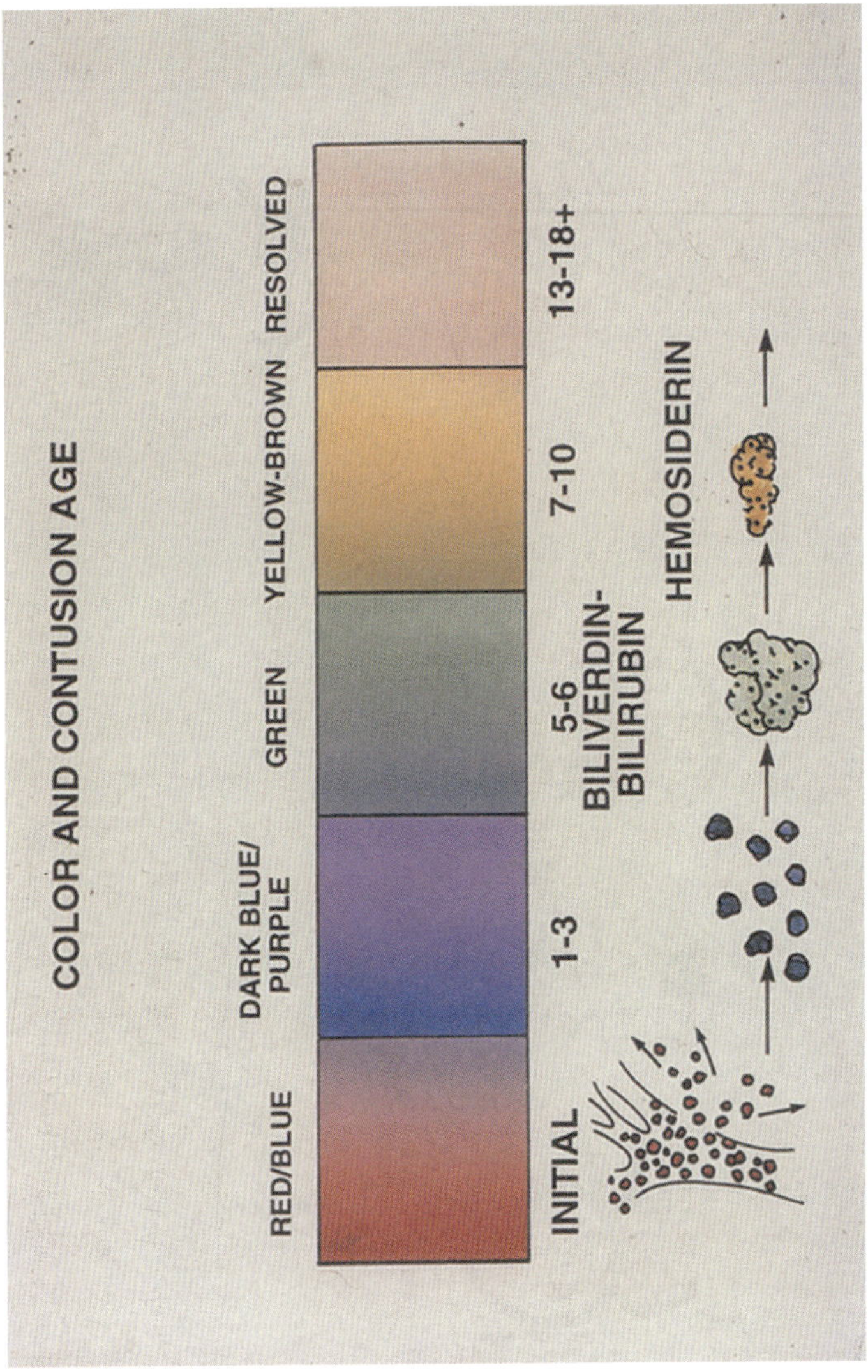

巻頭カラー①　コラム・赤・青・黄色…経時的変化を示す多彩な傷
(P. 35) より
(チャールズ・フェルゼン・ジョンソン博士　作成・提供)

巻頭カラー②　パパの絵（P. 247）より

プロローグ

どんよりと曇った冬の日の朝のことでした。外来診療を始めようと診察室に向かおうとした、まさにその時に電話はかかってきました。呼び出し音が鳴ると同時になぜか覚えた胸騒ぎは的中しており、

「お父さんが倒れて起き上がることもできない。意識もほとんど無い」

母が震える声でそう言うのを聞きながら、来るべきものが来たか、と半分覚悟をしました。父が少し前から体調をくずしており、大きな病院で精密検査を受けさせようと手配していた矢先だったのです。

私はただちに診療をストップし、待合室に重症患者がいないことを確認してから看護師を一人連れて車で十分ほどの距離にある実家に駆けつけました。前々日まで外来診療をしていた父は動くこともできないまま応接間の床に仰臥しており、血の気のない顔で目を閉じていました。それでも、麻酔科医でもある私がただちに気管内挿管の準備をはじめると

「挿管なんかいらんぞ」

JCLS 88002-168

と目を閉じたままつぶやきました。

「あれっ、まだ生きとったんかいな」

緊迫した状況の中で私が精一杯の冗談を言うと
「そうみたいやな」

と父が答えたので、点滴確保だけをして、動けぬ父を布団ごと自分の車に載せて病診連携でお世話になっている地域の基幹病院に運びました。

到着後、ただちにCTと内視鏡の検査が行われ、あっという間に診断が確定しました。胃の入口である幽門部にできた進行性の胃癌でした。医師になってから五十三年間、病気らしい病気で休むことなど一度もなかった父が、七十七歳の誕生日の直前になって初めて経験する病気療養の始まりでした。術後経過が思わしくなかったこともあって入院は九十九日間におよび、初夏の兆しが訪れはじめたゴールデンウィークになってようやく退院できたのですが、壮健であった父が歩くこともままならぬほどやせ衰え、介護が必要な状態になった姿を見て、私は親と子が逆転したことを悟ったのです。

親子の絆は何よりも強く、それゆえに本音と本音がぶつかり合って愛情表現の難しさを感じることがしばしばあります。どんなに愛していても恋人にささやくような甘い言葉を子どもから親に告げることはなかなかできず、むしろ照れ隠しのきつい言葉しか告げられない人の方がはるかに多いのではないでしょうか。私も多分にもれずそのくちで、父が病院での療養中にちょっとした動作にも不自由して動けぬ姿を見ると、その現実を認めたくない気持ちからか、余計にきつく、厳しく接してしまっていました。それは、いつまでも頼りがいのある父に甘えていたいと願う子ども心でもあったに違いありません。私が児童虐待にかかわる仕事もしていることを知っている父は、

「ほら、もっとしっかり歩いて！」

と厳しくハッパをかける私を指して、

「これは虐待や！」

と冗談っぽく周囲に訴えていました。

ようやく優しく接することができるようになれたのは、親子の立場が逆転してこちらが保護者になったことを悟った頃からでしょうか。

ところで、私には娘が一人いますが、娘に対してはまったく逆の経過を辿っていることに最近気づきました。娘がまだ幼かった頃は、完全な保護者として本当に猫かわいがりをしていたものですが、大きくなるに連れ一人前の人間として成長することを期待するようになり、厳しく接したり、きつく叱ったりするようになってきているのです。つまり、いずれの場合でも、親子で相手を一人前の人間として認めようとする期待感とストレートな

言動が、きつい言葉であったり、ブラックジョークのような言葉であったりするのであって、けっして肉親を愛していないわけではありません。児童虐待の問題を考えるときには、この微妙な感覚を理解することが、本質を理解する重要なポイントになるのではないかと私は考えています。「思いやり」をいかに上手に表現するか、あるいは相手の立場をいかに理解するかということが、児童虐待を根本的に解決する上での重要な鍵であるに違いありません。

めまぐるしく変化する社会の中で、大人も子どももどこに軸をおけばよいのかわからず、荒波にもまれる小舟のように翻弄されながら必死に生きています。核家族化や家庭の崩壊による家族構造の変化、経済的困窮による生活の疲弊や育児疲れがもたらす疲労、男女の意識の変化や性情報の氾濫、あるいは文化的背景に基づく民族習慣の違い等々、児童虐待はきわめて多くの要因が原因となって引き起こされる悲劇ですが、その根底を形成する基本的なものは昔も今も変わらぬ大人と子どものちょっとしたボタンの掛け違いなのではないでしょうか。児童虐待は現代に特有な現象ではなく、はるか昔から形を変えながら続いてきた人間社会の中のありふれた出来事なのです。

本書の「物語」は、すべて私が直接経験した事実を題材に書き下ろしたものですが、それぞれの話が特定の事件に直接対応しているわけではなく、法医学的な事実を忠実に再現

JCLS 88002-168

しながら新たに創作したものです。あくまでも法医学的な視点を通じて見た児童虐待の実像を伝えるとともに、医師がどのようにして客観的な評価を行っているのかを知って頂くことが目的で、特定事件の報道や解説をしているわけではないことをご理解ください。

読者の皆様の一人一人が「思いやる」心の大切さ、公平な立場から客観的に事実を評価することの重要性、そして児童虐待の防止にはどのような視点が大切なのか、その本質を考え、理解し、自ら行動してくださることを願っています。

JCLS 88002-168

入学式のアザ

四月、満開の桜並木の下をお母さんに手を引かれながらツトム君は小学校に入学しました。でも、お母さんがとてもにこやかに挨拶しているのとは対照的にツトム君の顔はなぜか暗く、とても強ばった表情をしていたのです。入学式の日に緊張した表情を見せる子どももはけっして少なくないのですが、担任の先生が気になったのはツトム君の顔に何か青アザのようなものが見られ、顔全体がどことなく黒ずんだ色に見えたからでした。そしてツトム君の表情は緊張しているというよりは、むしろ何かに怯えているかのようにも見えたのです。

「サナダツトムさんね、こんなところに青アザができてるけどどうしたの？」

担任の先生は胸の名札を見ながらツトム君に声をかけました。

「あっ、それこの間公園で遊んでて、ジャングルジムの角にぶつけたんですよ～。もうこの子はおっちょこちょいやからしょっちゅう怪我ばかりしてるんです～。な、ツトム、そうやな！」

先生はツトム君に直接尋ねたのですが、母親がすぐに横から口を挟んで説明しました。

すると、なぜかツトム君は一層こわばった表情になりながら無言でうなずきました。

「ツトム、ちゃんと返事しなさい！　公園でジャングルジムにぶつかったんやな！」

「……はい」

「あら、そうなの？　痛かった？」

先生はもう一度尋ねました。でも、ツトム君は返事をするかわりにそっと母親の顔色をうかがったのです。

「痛かったかどうか先生が聞いてはるんやんか。小学生になったんやから自分でちゃんと答えなさい。痛かったんやな⁉」

「……はい」

「先生、痛かったって言ってますわ。ハハハ」

「そう、大変だったね。小学校ではケガしないように気をつけようね」

ツトム君はまた母親の顔色をうかがいました。

「ツトム！　返事は⁉」

「……はい」

「ツトム、学校ではちゃんと先生の言うことときくんやで」

JCLS 88002-168

「先生〜、どうぞ宜しくお願いしますぅ〜」

見かけはどこにでもいる普通の母親でしたが、どことなく言動にぎこちなさが感じられました。ツトム君は自分からは何も言おうとせず、何かをしたり聞かれたりするたびに母親の顔を眼で追うのです。

「この子はお母さんが怖いのかな?」

担任の先生は漠然とした印象をもちました。


新学期が始まりバタバタしているうちにあっという間に健康診断の日が来ます。小学校一年生の入学時健康診断はパンツ一丁で順番に並んで校医さんに診てもらうのですが、上着を脱いでパンツ一丁になった時のツトム君の体を見て、担任の先生は思わず
「アッ…」

と声をあげてしまいました。体のあちこちに青アザや赤い筋のような傷があったのです。

「どうしたの?」

「……」

「誰かにされたの?」

「……」

「お母さんに言った？」

「……」

何を聞いてもツトム君は何も答えようとはしませんでした。そうこうしているうちに校医さんに診てもらう順番がきたのですが、校医さんも一目見るなり、

「何だこれは？」

と声をあげました。しかし、校医さんには専門知識があったのですぐにそのアザの持つ意味が理解できました。

[赤・青・緑…黄色もある…多彩なアザ…これは経時的変化を示す多彩な傷？　……虐待だ！　…それにしても何でできた傷だろう？」

頭の中で考えたことは口には出さず担任と保健の先生にそっとメモを見せて指示を出しました。

[校長に連絡してすぐに児童相談所に通告しなさい。家に帰してはいけない」

「えっ……？」

担任と保健の先生は絶句してしまいました。

「ちょっとこのケガは保健室でみないといけないから保健の先生と保健室に行って待っててな…はい、次！」

校医さんは優しく声をかけると何もなかったようにそのまま健康診断を続けました。すべての生徒の健康診断が終わった時、校長が緊張した面持ちですぐに現れました。

「先生、どういうことですか？」

「わかりませんか？　あれは児童虐待です！　すぐに児童相談所に連絡して保護する必要があります。」

「えっ？　児童虐待？　どうしてそんなことがわかるんですか？　根拠も無いのにそんなこと言ったら大問題になってしまいます。わかるように説明して下さい」

「あの子の体の表面には赤や青や緑色のさまざまな色彩のアザがあったでしょう？　あれは経時的な変化を示す多彩な傷、といって児童虐待で見られる典型的な打撲の所見なんです。あの子のアザはここ二週間程度の間、絶え間なく打撲の被害に遭って来たことを医学的に物語っています。顔のアザなんか担任の先生は気付いていなかったんですか？」

「あっ、そう言えば入学式の日にも顔に青アザがありました。気になったので私、この生徒に尋ねたんです。そしたら横からお母さんがジャングルジムにぶつかったって……」

「あの子はなんて言ったんですか？」

「あの子は何も自分からは言わないんです。全部お母さんが横から説明して…でも、何か変だな？　とは思っていたんですけど…まさか児童虐待だなんて……」

「虐待をしている保護者は子どもに説明させずに全部保護者が説明しようとするんです。あの子はお母さんの顔色をうかがうような仕草はしていませんでしたか？」

「し…してました。何か尋ねる度にお母さんの顔色をうかがっていました」

「そうでしょう。加害者が傍にいたのでは本当のことを言えないんですよ。加害者の説明の特徴は怪我の原因をすべて子どものせいにすることです。状況的にも母親がどうも加害者のようですね。父親はどんな人ですか？」

「それが、母子家庭なんです」

「なるほど、それならばやはりすぐに児童相談所に通告して保護してもらう必要がありますね。放っておくと大変なことになりますよ。ただちに電話をかけなさい！」

「わ…わかりました。先生がそこまではっきりと仰るならすぐに連絡します」

校長は急な事態の展開に驚きながらも、教頭に指示してすぐに地元の児童相談所に通告するとともに、自分は市の教育委員会に第一報の報告を電話で入れました。

「あっ、教育委員会ですか？　実は今日の健康診断で児童虐待の可能性のある児童が校医によって一人発見されました。すぐに児童相談所に通告するように言われたので、現在職員を派遣して連絡を取っています。」

「えっ、児童虐待？　どういうことですか？　命に別状はないのですか？」

「ええ、命がどうのこうのというわけではないのですが、校医の先生が児童虐待だと……」

「どうしてそんなことがわかるんですか？」

「体にいろいろなアザがあって、何でもそれがずっと殴られている証拠だと……」

「殴られた傷と転んだ傷は区別がつくんですか？」

「えっ……？」

「そんないい加減なこと言ってただの怪我だったらどうするんですか？　ＰＴＡやマスコミから吊るし上げられますよ！」

「は、はあ…でも校医さんがただちに児童相談所に連絡しろ、と……」

「それですぐに連絡したんですか？　校長先生は校医の部下なんですか？　間違っていたら誰が責任取るんですか？　先生は責任が取れるんですか？　こういうのは教育委員会に苦情がくるんですよ。学校の管理責任はこちらにあるんですから先にこちらに連絡するのが筋でしょう？」

「あ、う…す、すみません…ど、どうしたらいいでしょう？」

「そんなこと、校長なんだから自分で考えて下さい。とにかく児童虐待だと言うならその根拠をはっきりとさせるべきでしょう。根拠が無いならそんな勝手なことはただちに中止して下さい。わかりましたね！」

「あ・あ・は、はい」

　慌てた校長先生はすぐに保健の先生を呼びつけて言いました。

「さっきのサナダさんのことだけどもう一度校医さんに連絡して虐待を受けていると判断する根拠を聞いてくれないか？　虐待で間違いないんだろうねえ？　違っていたら大変なことになるよ。」

「はあ、私もよくわからなかったのでもう一度聞いてみます。子どもなんてしょっちゅうケガしてますもんね？」

「そ、そんなあ…君まで……」

「とにかく校医さんにもう一度電話で聞いてみます」

　保健の先生はすぐに校医さんのところに電話を入れました。

「先生、すみませんがもう一度先ほどのサナダ君について虐待を受けているっていう根拠を教えてもらえませんか？」

「ああ、あの子ね、体中にいっぱいアザがあったでしょう？　しかもそのアザがカラフルでいろいろな色を示していたでしょう？　あれですよ」

「はあ、でも虐待と事故とか普通の怪我ってどうやって区別するんですか？」

JCLS 88002-168

「さあ？　そんなことわからんよ。とにかく大切なのはまず疑って通告することでしょう？　それから先は児童相談所と警察の仕事だよ」

「えっ、確かな根拠があって児童虐待って言われたわけではないのですか？」

「だから、まず疑うことが大切だって言ってるんだよ」

「……………」


通告を受けた児童相談所はすぐに職員を派遣してきました。

「こんにちわ。先ほど通告を受けた生徒さんのことですが、ご本人はいまどちらに？」

「あ、う、そのことなんですが、どうも早まってしまったようで……」

「どういうことですか？」

「はあ、その、根拠がないそうで……」

「そうですか。でも折角ですから、とにかく一度会わせてくれませんか。仮にせよ通告を受けた以上私たちにも安全確認義務がありますので、その上で対応を考えましょう」

「はあ、一応保健室で待機させていますけど」

「あの子です」

ツトム君には女性のケースワーカーが話しかけました。

「サナダツトム君ね？　こんにちは！　…ちょっと校医の先生からいっぱいケガをしているから見てほしいって言われたから来たんだけど、ちょっとケガを見せてくれない？」

「ちょっとお服脱いでさっきみたいに見てもらおうか？」

「……」

「何これ？　アザだらけじゃない……どうしたの？」

「……」

「誰かに叩かれたの？　喧嘩でもしたのかな？　それともどこかで転んだ？」

「お母さんに叩かれたのかな？」

そう尋ねるとツトム君は黙ったまま激しく首を横に振りました。

「じゃあ、どうしたの？」

「……」

「誰かと喧嘩した？」

「……」

「転んだのかな？」

やはり黙ったままツトム君はほんの少しだけ頷くような仕草を見せました。

「転んだの？　どこで？」

「……ジャングルジム…」

「へえ～っ、ジャングルジムで転んだんだ？　どこのジャングルジム？」

「……」

「学校かなあ？」

ツトム君はうつむいたまま目を泳がせてほんの少しだけ頷きました。

「えっ？　学校？」

「い、いや、入学式のときから顔にアザがありました」

慌てて担任の先生が横から口を挟みました。

「お母さんが公園のジャングルジムで打ったって…」

「ほう？　公園？　公園で転んだの？」

ツトム君はまたうつむいたまま目を宙に泳がせて頷きました。

「じゃあ、どこの公園？」

「……」

「じゃあ、ツトム君はいつもどこの公園で遊んでるの？」

「……トンボ公園…」

「えっ、トンボ公園？　あそこの公園はいま改装中でジャングルジムなんてないよ」

「……」

「本当のこと言ってくれないかなあ？　そうしないとお家に帰れないよ」

「ウッ……」

とうとうツトム君は目から大粒の涙を流して泣き出してしまいました。

「先生、校医さんの言われたことはかなり的を得ているのではないでしょうか？　どうも普通の怪我ではないようですよ。このケースは通告していただいて良かったと思います。ここから先は児童相談所の方で調査して、法医学の専門の先生にも診てもらいながら慎重に判断するようにします。とにかくツトム君には一旦、一時保護所の方に移ってもらうようにしましょう」

「いや、そんな勝手なことをされたら私が教育委員会から怒られます。」

「教育委員会は子どもの命と自分たちの体面のどちらが大切なんですか？　そもそも小学校の先生が身を張って子どもを守らなければ地域社会の中で虐待事件なんてどうやって予防していくんですか？　疑いのある子どもを適切に保護して安全確保を考えることが一番先決でしょう？　ツトム君は児童相談所の職権で保護します！」

「あ・わ・わわ、マ・マスコミに発表するんですか？」

「校長先生、ちょっと落ち着いて下さい。児童相談所が自分からマスコミに発表することなどありません。児童相談所には守秘義務がありますから、事件性があるかどうかわからないうちにそのような情報を流すことなど絶対に無いのです。マスコミに出るのは刑事事件化されて犯人が逮捕される時だけではないでしょうか。ただし、もしもこの事件が刑事事件になった時には、児童相談所としてもきっちりとしたマスコミ対応はしなければなりません。その時にはこちらの押さえた事件経過は詳しく説明しなければなりませんから、学校や教育委員会が体面を気にして子どもの保護を妨害するような事実があれば、そのことは発表せざるを得ないでしょうねえ」

「うっ……」

「じゃあ、ツトム君は早速こちらでお預かりするようにします。いいですね」

「はあ……」

「いいですね！」

「は・い」

児童相談所の職員はツトム君とともに相談所に一旦帰り、虐待対応課長とすぐに協議に入りました。ケガの原因がはっきりしない以上、児童相談所としても原因を明らかにしてこれからの対応と方針を決めなければなりません。そこで、ツトム君を病院に入院させた上で、法医学を専門とする医師にケガの原因や医学的な診断を依頼することになりました。

「もしもし、あっ、コウノ先生ですか。また一人診察して頂きたい子どもがいるんです。小学校の身体検査で校医さんが見つけたんですが、全身打撲で体のあちこちに皮下出血があります。校医さんが言われるには虐待を示唆する経時的変化を示す多彩な傷に相当するそうなんです。一番早い日程ならいつ診て頂けますか？」

「なるほど、そうですねえ……今日の夜診が終わった後の二十時過ぎではいかがですか？」

「わかりました。それでは二十時過ぎにお迎えに上がりますので、宜しくお願い致します」

児童相談所から法医学的な判断を求められた時は可能な限り早く子どもの身体所見を見に行くようにしています。なぜなら、死体の場合は死後変化以外の変化はおきないのですが、生きている子どもの場合は時々刻々と身体所見は変化し、一週間もすればまったく所

JCLS 88002-168

見が無くなってしまうこともめずらしくないからです。現在、大阪府児童虐待等危機介入援助チームでは二名の医師が虐待を疑われる子どもの法医学的診察に携わっていますが、二人とも昼夜を問わず、可能な限り早いスケジュールで動く体制を維持しています。病院までは夜道を車で三十分程度の道程でした。

「先生、夜分にすみません」

「まあ仕方がないよ。それよりも子どもの様子は？」

「初めのうちはとても緊張して何も話さなかったんですが、うちの若い女性ケースワーカーや病院の看護師さんたちが優しく接してくれて、ちょっと安心しているみたいです。夕食はペロリと全部たいらげました。ごはんを食べたらちょっと落ち着いたみたいで（笑）」

「何か言ってますか？」

「まだはっきりとは言わないんですが母親のことをとても気にしています。会いたいというよりも、何か怯えているという感じで……」

「なるほど」

ツトム君はプレイルームで看護師さんとブロック遊びをしていました。

「こんばんわ～」

「あっ、さっきお話していた先生よ」

ツトム君は警戒しながらも小声で「こんばんわ」と言ってくれました。

「ちょっとツトム君のけがを見せてくれる？」

「さあ、先生に診てもらおうね」

そう言って担当の看護師さんがツトム君の上着を脱がせてくれたのですが、そのケガを見て私は思わず絶句してしまいました。

「これは酷い……ツトム君…大変やったやろ？　よく我慢したね」

「うっ…」

ツトム君の目に大粒の涙が溜まって頬を伝いました。

「お母さんにされたそうです。毎日、毎日、叩かれたり踏まれたり…」

どうも少しずつ看護師さんに話をしていたようです。思ったよりもスムーズにインタビューすることができました。このような事例では看護師さんのきめ細やかな対応がとても助かるのです。

「そう……なんでお母さんはそんなことするのかなあ？」

「わからへん」

ツトム君の上半身にはさまざまな色や形の皮下出血や打撲の痕がありました。左の胸には赤い筋のようなものが見えます。左右の腕にも首や顔から胸にかけても大きな青あざができています。背中にもたくさんの皮下出血がありました。

「この赤い筋は何で叩かれたのかなあ？」

「カサ！」

「カサ？　…ちょっとカサ持ってきてくれる？」

看護師さんがビニールの傘を持ってきてくれました。

「こんなカサ？」

「うん」

「これで殴ったの？」

「うん、バンッ！　…て」

「ふ〜ん、どんな感じかなあ？　こんな感じ？　それともこんな感じ？」

「そんなかんじ…」

「なるほど、これは丁度傘のホネが当たってできたわけだね。ホネとジョイントや先端のプラスチックカバーの特徴がしっかりと出ているよ。これが凶器の特徴やなあ。これは色調からすると比較的新しい傷だね。ツトム君、傘で殴られたの今日やろ？」

JCLS 88002-168

「うん、なんでわかるの？」

「ムフフフフ、これでも一応医者やからな。それから、ほかのところは傘と違うよね？」

「うん、いつも足で蹴飛ばしたり踏んだりされるねん」

「ふ～ん、どれどれ、なるほど、これが足の痕やな」

「ちょっと足のせてみてくれる？　…そうそう」

私は若い女性ケースワーカーに頼んで右足を皮下出血の痕にのせてもらいました。

「なるほど、これは若い女性の足の大きさにぴったりやわ。そして足は今のせた右足ではなくて左足だね。親指の痕がこちら側に張り出してるよ。これも凶器の特徴がよく出ているよね、それじゃあ今度はこの胸のケガは何かなあ？」

「これも踏まれてん」

「これも？　…どんなふうに？」

「ぼくがな、やめて！　って言うてこうしたらな、この上から思いっきり踏まれてん」

ツトム君は左腕で体の前をかばう格好をしながら説明してくれました。すると左腕の皮下出血と胸の皮下出血の痕が、ある位置でピッタリと合致して足跡の形がはっきりと現れてきたのです。

「おおっ！　なるほど！　これはぴったり足の形になってる。そうかあ、首の付近の皮下出血は腕の上から思いっきり踏まれたから自分の腕で自分の体を押さえつけるようになってしまったわけだね。う〜ん、これだけ出血するっていうことは相当思いっきり踏まれてるよ。いずれにせよツトム君の説明はそれぞれの傷の特徴を説明するのにとても合理的な内容になっていますね。ツトム君の話は法医学的にかなり信憑性が高いと思いますよ」

「ツトム君、怖かった？」

「うん……」

「それでも、お母さんのところに帰りたい？」

ツトム君は黙って首を横に振りました

「帰らなくてもいいの？」

「いまのお母さんなら帰りたくない」

「……よくわかった。心配しなくて大丈夫だよ。みんなでツトム君のこと守るからね。もう、こんな怖い思いをしなくていいようにみんなで守ってあげるから…安心してね。今日はいろいろとお話してくれてありがとう。疲れたやろ？　さあ、もう遅いからベッドに行っておねんねしようか」

ツトム君は黙って頷きました。

法医学的な診察を終えると児童相談所は私に「虐待か否か」の判断を求めてきます。そこで私は診察した客観的な所見と保護者（被疑者）や本人、あるいは関係者の話をつき合わせて、それぞれの話との合理性や矛盾点を説明し、最終的に医学的な立場からどのような話がもっとも合理的か、という判断を示します。ツトム君の場合は母親から傘で殴られた、足で踏まれたというツトム君の話を合理的に説明することのできる身体（外表）所見が認められる一方で、ジャングルジムの角にぶつけたという母親の話や、ツトム君の当初の話に合致するような外傷は認められませんでした。とくに、傘や足の痕は凶器の特徴がくっきりと示されており、医学的にはこれらの行為はほぼ特定できると言ってもよいでしょう。さらに、関係者の話では、当初ツトム君がジャングルジムにぶつかったはずのトンボ公園は現在改装中でジャングルジムが無いことも判明しました。そうすると、保護者の話やツトム君が母親の話に合わせて言った内容に大きな矛盾点が出てくることになります。ツトム君の外傷は法医学的には、①新旧さまざまな経時的変化を示す多彩な多発外傷で、②複数の凶器の特徴を示す傷が、③前胸部や背中などの不自然な場所に形成されており、かつ、④保護者の申し述べる内容と矛盾する、という評価になり身体的虐待の被害に認められる外傷の特徴を数多く示しています。また、児童虐待の分野では加害者は必ず外傷の原因を被害を受けた子ども自身のせいにするとも言われており、その点からも本件の

JCLS 88002-168

外傷の原因を、ツトム君が自分でジャングルジムの角にぶつけた、という説明を行った母親は怪しいということになります。したがって私は本件について「被虐待児症候群（身体的虐待）の疑い」という判断を示すことにしました。

さて、ここでなぜ「被虐待児症候群」と言い切らずに「疑い」とするのでしょうか？　これは、実際に虐待であったのか事故なのか、あるいは遊んでいてふざけてついた傷なのかは、被害を受けた本人と加害行為を行った人のみが知ることなのであり、我々法医学者にそこまで言い切るだけの客観性はないからなのです。外傷は我々法医学者でさえ想像しないような特殊な状況で発生する場合が往々にしてあり、いかにも第三者による加害行為の結果のように見える外傷が、事故や自傷行為によって形成されることもけっして少なくありません。このような事例で法医学者の主観を入れて「被虐待児症候群」と決め付けることは重大な冤罪を発生させる原因にもなり、それはまた新たな悲劇を生むことにもなりかねないのです。私たち法医学者がそこまで気を遣って冤罪の発生を防止しようとしていることにも、是非皆様の御理解を頂きたいと思います。

さて、一連の診察が終了すると私はこれらをまとめた診断結果報告書を児童相談所に提出するとともに、診察の結果をできるだけ早く保護者に対して直接説明します。三日後、私は児童相談所の一室で保護者と面談を行いました。

「はじめまして、子どもさんたちが大きなケガや原因のわからないケガを負った時に法医学という立場から子どもさんの診察をして、その子どもさんのケガがどうしておきたのか、どうすればそのようなケガを予防することができるのか、その原因や状況を調べる役割をしているコウノと言います。今回、ツトム君の体に数多くの皮下出血が見つけられてその原因が不明であったので、私が呼ばれて調べることになりました。あなたはツトム君のお母さんですか？」

「はい、母親です。宜しくお願いします」

意外に思われるかもしれませんが、私が面談を行う時に始めから敵対的な雰囲気を漂わせている人はほとんどいません。大抵は若干の不安と不信感が入り混じった表情で私を見つめています。

私は母親の斜め前に座り、隣に児童相談所の職員とケースワーカーが二人座りました。私は母親の隣で写真を示しながら説明を始めました。

「こちらの写真が私がツトム君を診察した時に撮影した写真です。顔面から頸部、前胸部にかけて連続した大きな皮下出血が認められますね。それから左胸のあたりには何か赤い色をした筋状の痕がついています。これは皮内出血といいます。左の上腕や右の上腕にも大きな皮下出血がありますねえ」

「はい」

　母親は不安の増した表情で私の説明を聞きながら頷きました。

「次に背中の方も見てみましょう。背中の方は、何かバラバラに見える赤や青や緑色の皮下出血が全体にわたって認められますね」

「はい」

「これらがどうしてできたかを調べるわけですが、以前顔のアザについてお母さんは公園でこけてジャングルジムの角にぶつけた、と学校の先生に説明されましたよね？」

「そうなんです～。もう、この子おっちょこちょいやからしょっちゅうこけてあちこちぶつけるんですよ。だからこんなにいっぱい怪我をして、御迷惑おかけしてすみませんねえ」

　母親は急に饒舌になって説明しました。

「はあ、そうですか？　ところでどちらの公園でこけたんですかねえ？」

「トンボ公園ですよ！　この子はいつもあそこで遊んでるんです」

「ジャングルジムで？」

「ええ、あそこのジャングルジムって危ないんですよね。周りの土がでこぼこでよく子どもが転んでるんですよ。本当にちゃんと整備してもらわないと困るのよねえ」

「そうですか。ところでお母さん、トンボ公園は半年前から改装中でジャングルジムもすべり台もブランコも全部撤去してるんですよ。ご存知でしたか？」

「えっ？」

「だから、トンボ公園に今はジャングルジムはないんですよ」

「……あっ、だから半年ぐらい前に転んだんだと思います」

「あのねえ、皮下出血っていうのは三週間もすれば完全に無くなってしまうものなんですよ。だからこれが半年前のケガということは有り得ないんです」

「だからよく転ぶんですよ」

「でも、トンボ公園でジャングルジムにぶつかったのではありませんね」

「そんなこと知りませんよ。ジャングルジムが無いなんて」

「じゃあ、どうしてトンボ公園のジャングルジムにぶつかったって言ったんですか？」

「そんな気がしたんです。先生が違うって言うんだから違うんでしょ！」

「じゃあどうしてできたケガですか？」

「さあ？　ツトムに聞いたら？」

「ツトム君はこう説明してくれましたよ。まず、この赤い皮内出血、これは傘で殴られた痕だそうです。この赤い筋の形をよく見て下さい。傘のホネの先端のプラスチックカバーとホネとジョイントの形がしっかりとわかるでしょ？　それから背中の痕はこれだけがひとまとまりで、こんなふうに踏みつけられたそうです」

私は一つ一つ、検証しながら診察した時の写真を母親に示しながら説明を始めました。次第に母親は何も言わなくなり、やがて目に涙をいっぱい溜めながら写真を見つめていました。

「そして、この胸や腕の皮下出血はこんな感じだそうです。ツトム君がやめて！　って庇った上からこのように足で思いっきり踏みつけられたそうです」

「………」

母親の頬を大粒の涙が零れ落ち、そのまま黙って下を向いてしまいました。

「ツトム君の説明はこれらの外傷所見をとても合理的に説明できるんですよ。お母さんはこのツトム君の説明に対して何か反論することはありますか？」

母親は弱々しく首を横に振って言いました。

「……すみません……」

とうとう母親は声をあげて泣き出してしまいました。

少し落ち着いた頃合を見計らって私は声をかけました。

「どうしてしちゃったのか、教えていただけませんか？」

「……しんどかったんです。毎日毎日一生懸命働いても、借金ばかりで…それなのに疲れている時に限ってあの子がいろいろと邪魔をするんです。」

「邪魔？」

「ちらかしたり、ご飯食べさしても、こぼしたり…」

「子どもってそれが普通ですよ？」

「でも、疲れているとそれでカアーッってなってしまって、気がついたら殴ったり蹴飛ばしたり、踏みつけたりしていました。あかん！　てわかってたけど、もう、どうしたらいいのかわからなくなって…この子がいなかったらいいのに…って思うこともあります。でも、私の子なんですよね、かわいそうや」

「そうですよ。産まれた時の気持ちは覚えていますか？」

「うれしかった…かわいかった…」

「もう一度その気持ちを思い出して下さい」

「はい、……あの、ツトムはいま何処に？」

児童相談所のケースワーカーが横から口を挟みました。

「それは申し上げられません。そのかわり、ツトム君やお母さんの生活をどのようにしていくかの相談をこれからしましょう。コウノ先生の説明はここまでですので、何か医学的なことで尋ねたいことがあればいま聞いておいて下さい」

「……ツトム、元気ですか？」

「元気ですよ」

「ありがとうございます」

このケースの場合、母親が比較的素直に加害行為を認めたので、私の役割はここで終わりました。この後、児童相談所と母親との話し合いが行われて、ツトム君は母親の同意の下に、しばらくの間、児童養護施設に預けられて育てられることになりました。一方、母親は児童相談所の指導に従い、生活の安定化と子育てに必要な環境作りにむけてさまざまな課題をクリアする努力をすることになりました。その中で、母親は児童養護施設に面会に行きながらツトム君との関係修復を目指すのです。

さて、このケースのように加害者が素直に加害行為を認めるケースばかりとは限りません。中には頑強に加害行為を否定したり児童相談所側の対応を厳しく非難してくるケースもみられます。そのような場合には、児童相談所はもう一度、当該ケースが虐待であるかどうかを見極める会議を開き、警察や治療にあたっている病院の関係者、弁護士等も交えてそれぞれの立場からの意見を述べ合ってその後の対応と役割分担を決めます。さらに、行政としては最終的に府県の措置審査部会（大阪、兵庫の場合）が家庭裁判所に対する家事審判の申し立てや検察庁（警察）に対する刑事告訴を行うかどうかの判断も含めて児童や保護者に対する処遇を決めることになります。

　このように、児童虐待に対応する現場ではさまざまな職種や立場の人が、それぞれの役割をしっかりと果しながら密接に連携を図って子どもを守ることがとても大切なのです。

コラム・赤・青・黄色…経時的変化を示す多彩な傷（身体的虐待の医学的所見）

赤・青・黄色…信号機ではありません。私たちは虐待の疑いがある子どものの診察をする時に子どもの身体を見てさまざまな所見をとっていくのですが、その時に見られる特徴的な所見の一つがまさにこの一言で表されるのです。もう少し難しい学問的な表現では「経時的変化を示す多彩な傷」と言います。

虐待の疑いがある子どもが児童相談所や警察に通告されてきたとき、通告があっただけでその子どもが即虐待を受けていると決まってしまうわけではありません。実際には子どもの現状を確かめたり、周囲の状況の聞き込みを行ったり、さまざまな調査や捜査を行って通告対象となった子どもが実際に虐待を受けているか否かの見極めを行うのですが、その中で重要な意味づけを持ってくるのが子どもの医学的な所見です。子どもの体に実際に虐待を受けているといえるような傷があるのかどうか、もしも傷があったとしてもその傷は虐待によるものなのか、あるいは通常の事故でもおこりうるものなのか、その根拠が明らかにされる必要があるわけです。

被害者の身体所見を観察する時には多角的な方面から検討を行うことが大切ですが、まず、客観的な所見としてどの部位にどのようなタイプの外傷があるのか、外傷が形成されている身体の部位と外傷の種類、大きさ、程度、数の観察から始めます。これらは体の前面、背面、左右の側面に分けて全身くまなく決められた書式に記録されます。外傷の種類としては打撲傷、擦過傷、圧挫傷、索状痕、圧迫痕、切創、刺創、火傷、凍傷、発赤、腫脹、皮下出血、皮内出血、筋肉内出血、内臓損傷、骨折、頭蓋内（硬膜外・硬膜下、くも膜下）出血、脳挫傷などがあります。

次に、それぞれの外傷が受傷後どの程度の時間、もしくは日数を経過しているものなのかを判断しますが、この時に問題となるのが「赤・青・黄色」なのです。皆さんが平手打ちをくわされて打撲の被害に遭った時のことを考えてみましょう。平手で思いっきり体の表面をバーンと叩かれたとき、叩かれた部位は最初赤く腫れますね。この赤く腫れた状態は、発赤所見という打撲傷の一番初期の所見になります。さて、この赤く腫れた部位はしばらくすると皮下出血が拡がってきて、半日から数日の間に紫色〜青い色に変色してきます。これは濃赤色の血液の色を肌色のフィルターを通して見たときの色調なのですが、その色合いから「青タン」とも呼ばれます。この青タンはとても目立ちやすいので周囲の人々に気付かれることが多くなります。やがて青タンの部位は数日の間に皮下出血した血液が化学変化を起こして緑色に変化し、さらに数日経つとその緑色が汚い黄色の状態に、そして全治十日間〜三週間（皮下出血の程度により変わる）の期間をかけて元の肌色に戻るのです。ですから皮膚の表面に赤い腫れを見つけたら、その部位はつい最近打撲の被害に遭ったことを意味しますし、青タンであれば二〜三日、緑色や黄色の部位は打撲の被害に遭ってから一週間〜十日前後の日数を経過していると判断されるわけです。では、「赤・青・黄色」とさまざまな色合いの傷が身体のあちらこちらに見られたら？これはその子どもがここ十日間ぐらいの間、連日のように絶えず打撲の被害に遭い続けていると判断されることになるのです。これを「経時的変化を示す多彩な傷」と表現して目の前にいる子どもが絶えず打撲の被害に遭い続けていることを証明する医学的な根拠のひとつとしています。

体の表面の傷は、このように傷の色合いや創傷、あるいは火傷の治り具合によって受傷後経過時間の推定を行いますが、レントゲンやCT写真を見て、身体の内部所見から同じように経過時間の推定を行うことも可能です。たとえば骨折所見の多くはレントゲン写真によって判断されますが、骨折部位には日数の経過とともに化骨化といって新しい骨組織が形成されてきますので、この化骨の程度を見て受傷後の経過時間を判定します。ただ、乳幼児と青少年、成人では化骨の速度がかなり違いますのでそれぞれの月齢や年齢を考慮しながら慎重に判断しなければなりません。一方で一人のレントゲン写真を見た時にいろいろな骨に骨折の所見があってそれぞれの化骨の程度が異なれば、骨折するような外傷を何度も受傷しているということにもなります。頭のCT写真やMRIにも同じような観察のポイントがあります。頭のCT写真やMRIの画像では頭蓋内の出血所見を観察します。頭蓋内の出血はCT写真では新しいものは白く写り、出血が古くなるにつれて灰色～黒色へと色が変化します。その色合い（densityといいます）を比較するとある程度の受傷日時は推定できますし、白い出血と灰色の出血と黒い出血が層状に形成されていれば、数回以上に渡って頭蓋内出血を繰り返した経過があると判断することもできるわけです。このように医師はさまざまな医学的所見を見極めながら、その所見の持つ客観的な意義を明らかにしてゆくのです。

赤・青・黄色…それは繰り返して暴行を受けた「経時的変化を示す多彩な傷」の特徴を示す言葉なのであり、同時に虐待を受けている子どもを救い出す際の重要なキーワードでもあるのです。

JCLS 88002-168

女の子と夜空

「おっほしさまきれいじゃのう。あれ、全部ダイアモンドじゃったらええのに！」

満天の星空を見上げながら加奈ちゃんはつぶやきました。

「あのダイアモンドが流れ星になって、いっぱいここに落ちてきたらええのになあ」

「ハハハ、そうだね！　さあ、風邪ひくといけないからおうちに帰ろうか」

「ううん、ここがええの。おうち、帰りとうない。おうち帰るのこわいからいやじゃ！」


晩夏——

草木の影がやわらか味を増し、ヒグラシの声がやがて来る秋の訪れを告げています。夏休みも終わり、子どもたちが再び規則正しい生活に戻りつつあった金曜日の昼下がり、午前の外来診療を終える間際にその電話はかかってきました。

「星山町子育て支援課のホリと申します。実は先生に診て頂きたい子がおるんです。小学校一年生の女の子で、性的虐待の疑いで学校の保健の先生から通告があったんじゃけど目立ったケガがあるわけでもないので県の児童相談所も困ってしもうて……。私は以前先生の講演で、絵を使った診察法や女児の性器の診察法があるのをうかがったことがあるもんで、先生だったら何かわかるんではないかと電話させてもろうたんです。遠方ですけど一度診ていただくわけにはいけんでしょうか」

「なるほど、子どもさんはどうしているのですか？」

「はい、学校には通っとるんですが、休みがちで元気がなく、何かに怯えとるようなんです。母子家庭なので表向きは大人の男性はいないはずなんじゃけど」

「なるほど」

「あと、おしっこをギリギリまで我慢する癖があって、学校でもよく太ももを擦り合わせるような仕草をしとるようです。そういう行動は何か性的な意味を持つと、昔大学の講義で聞いたことがあるんで、そのあたりも気になっとるんです」

「大人の男性に心当たりとか何か情報はないのですか？」

「詳しくはまだわかりません。三歳の時に親が離婚しとって、母子は生活保護を受けとるんですが、私生活についての情報はあまりありません」

星山町は私の診療所から高速道路を車で飛ばしても三時間以上かかる山の中の町です。児童虐待の臨床診断をする医師はとても少ないので、時々このような遠方から診断依頼が舞い込むこともあります。

翌日、昼過ぎに星山町に着いた私は町外れにある食堂でラーメンを啜ってから、待ち合わせ時間までまだ時間があったので、しばらく街を探検してみることにしました。駅前の商店街は車の量が少なくガラガラ、人通りもまばらで閑散としていました。電信柱にかかっている広告を見ると、どれもサラ金と質屋の宣伝ばかり、そこに風俗関係の小さなチラシがたくさん貼り付けてありました。

星山町の病院は、最近地方でよく見かける新築されたばかりのきれいな建物でした。

「ホリです。本当に遠いところをどうもすみません。こちらは小児科部長のワタナベ先生です」

「ワタナベです。先生のお名前は良く存じ上げとります。」

簡単な挨拶を済ませると診察室の奥に案内されました。そこはマジックミラーのついた部屋で、壁にかかったカーテンを開けるとプレイルームの様子が見えます。

「あの子なんじゃが、ああやって部屋の隅でじっとしたままあまり動こうとせんのです。普通はあの年だと、すぐにおもちゃに興味を示して遊び始めよるんじゃがなぁ。身体的には何も問題はなく、一応全身をくまなく調べたんじゃけど目立った傷もないんじゃ。」

私はその場で持参してきた診察用の衣装に着替えました。娘から借りた真っ赤なベレー帽をかぶり漫画のついたTシャツと半ズボン、が幼い子とコミュニケーションをとる時の私のスタイルです。

「こんにちわ！」

私はできるだけ明るい声を出してプレイルームに入って行きました。

「加奈ちゃん、この先生が今日診てもらう先生よ」

ホリさんが声をかけました。すると、加奈ちゃんはしばらくじ～っと私を見て、小さな声で

「こんにちわ」

と言ってくれました。でも、不思議そうな顔です。

「なんの先生なん？」

「加奈ちゃんのこと色々と診てくれるお医者さんの先生なん」

「おいしゃさん？　へんなおいしゃさん、白い服着とらんが」

アララ、ガクッ！

「さて…と、加奈ちゃん、まず体の大きさ測ろうか、身体測定するよ」

「がっこうでやっとるで」

「そう、同じことしよう。どれぐらい大きくなったかなあ？　まずは身長から…はい、こ

JCLS 88002-168

こに乗ってくださあい」

　案外加奈ちゃんはさっと動きました。

「は〜い、一一八センチで〜す。次、体重。ここ乗って〜、はい、二十キロで〜す」

　同じような調子で頭囲、胸囲、腹囲、上腕部の太さ、大腿部の太さなども測っていくのですが、加奈ちゃんは普通の小学校一年生の女の子と変わらぬ動きを見せ始めました。表情も徐々に明るくなり、楽しそうな表情も見せてくれます。

「どこか痛い所はある？」

「ないよ」

「しんどいところはある？」

「ないよ」

「ケガは？」

「ないよ、カナちゃん、なんでおいしゃさんにみてもらうん？」

「う、うん」

「カナちゃん、しんどくないで」

「そうだよね〜。じゃあ、今度は紙芝居をしてあげよう」

　そう言って私は「情景判断試験」を始めることにしました。まず最初に四枚の絵を順番

図1

に見せながら子どもの説明を聞いていくのです。

　最初は子どもが母親と一緒に医師の診察を受けている場面です（**図1**）。

「ここにな、お医者さんがおるねん。これお母さんやねん、これ子どもやねん。そしたらこの子はお医者さんから何をしてもらってるんかなあ？」

「そら、みてもらっとるんじゃろが」

「なるほど、なんでみてもらっとるん？」

「そら、どっかしんどいんじゃろが」

「なるほど、じゃあ、お母さんは何してるん？」

「だいじょうぶかなあ～、って言ってるん」

「ははあ、大丈夫かなあ～、って心配してるんかなあ？」

「そうじゃろ」

図2

「なるほど、じゃあ、次これ」
その絵には大人の女性が子どもの両腕をつかんでいる場面が描いてあります。母親の顔はやや怒ったような表情です。母親に折檻を受けている子どもはこの絵に反応します（**図2**）。
「今度はな、これ、お母さん。これ、子どもやねん。お母さんは子どもに何してるん？」

図3

「う〜ん、……抱っこしたるって…」

「なるほど、お母さんはおこってるの？　それともおこってへんの？」

「おこってへんよ。だって、抱っこしたるんじゃもん」

「なるほど、じゃあ、次これ」

　今度は大人の男性がベルトを持って、子どもがその前に直立不動の状態で立っています。男親に折檻を受けている子どもはこの絵によく反応します（**図3**）。

「これ男の人やねん。これ子どもやねん。男の人が手に持ってるのは何かなあ？」

「ちょうしんき〜」

図4

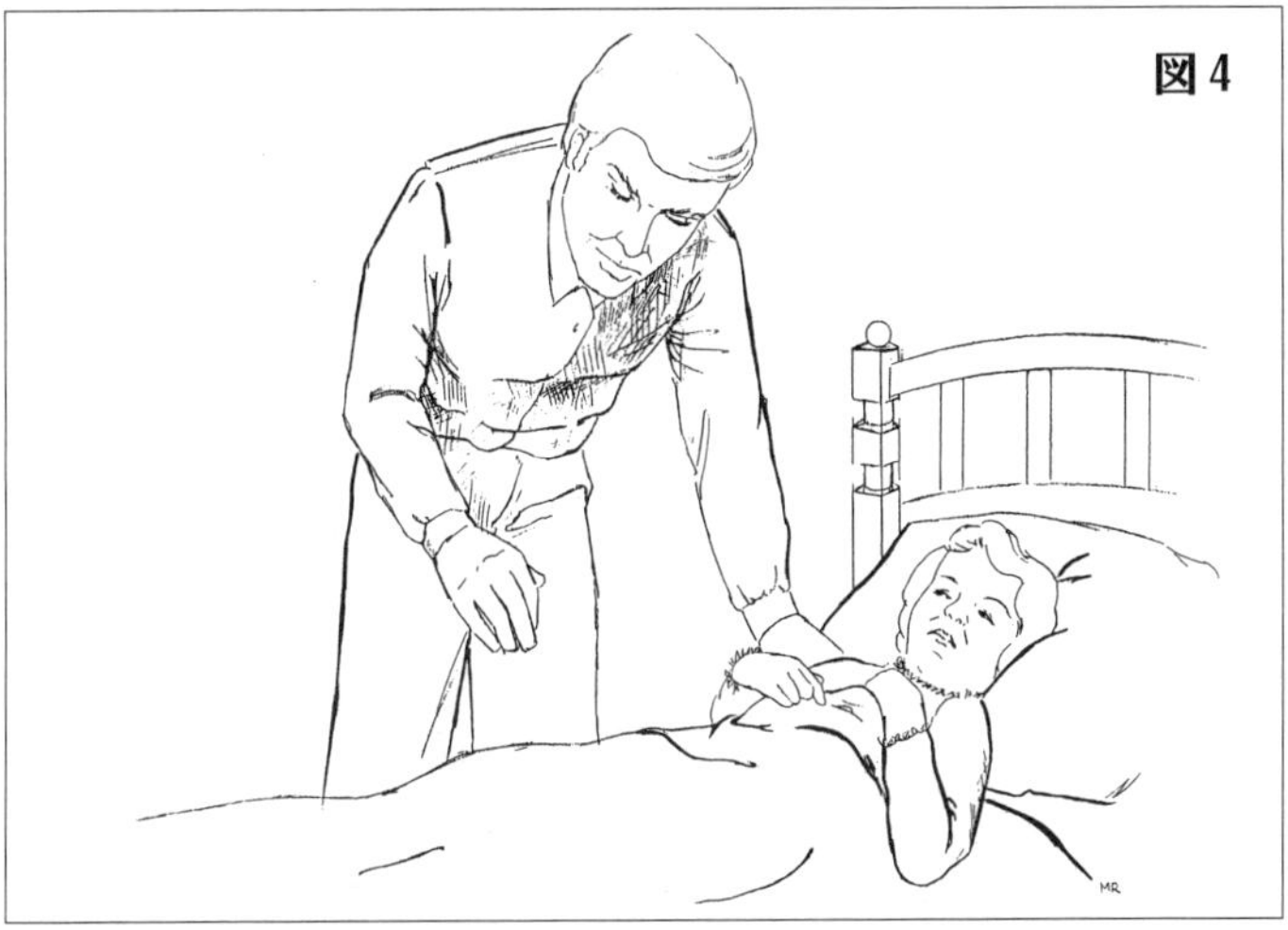

「へ？　これ、聴診器？」

「そう、この人おいしゃさんじゃろ？　だからちょうしんき持ってるんじゃろが」

「ははあ、じゃあこの子はここでどうしてるん？」

「そら、みてもらうのに気をつけして待っとるんじゃろが」

「は～…なるほどねえ」

　場所が病院だったのでそのような発想になったのかもしれません。しかし、ネガティブイメージがまったく出てこない加奈ちゃんの話を聞いて「この子は本当に虐待を受けているのだろうか？」と疑問を感じ始めていました。

「じゃあ、次これ」

　今度は女の子が寝ているところに大人の男の人が近づいてくる場面が描かれています。性的虐待を受けている女の子はこの絵によく反応します（**図4**）。

「これ加奈ちゃんがねんねしてるところやねん。そこに男の人がきたんやけどこの人は何してるのかなあ？」

加奈ちゃんの表情が一瞬不思議そうな顔になりました。

「わからん、カナちゃんいつもベッドでねとらんし」

「あっそうかあ～、お布団で寝てるんだ？」

「うん」

「じゃあ、ここがベッドじゃなくてお布団だったらこの人は何してくれるん？」

「？　…ようわからん、そんな人おらんし」

「じゃあ、この人はこわい人？　それともやさしい人？」

「わからん」

「加奈ちゃんがねんねする時は誰が一緒なん？」

「ママ」

「ほかには？」

「だれもおらんよ」

「誰も？」

「うん」

「ママのお友だちとかおじさんみたいな人は？」

「おらん」

「なるほど…そっか〜…じゃあ、次は名前当てごっこしよう」

私は次に少女と同じ年頃の女の子の裸の絵を見せて質問することにしました。これも情景判断試験の一つです。この絵には性器が描かれていますが最初は性器から遠い部分から身体部位の名称を尋ねていきます。

「ここは？」

「め（目）」

「オッケー、じゃあここは？」

「あし（足）」

「あったりー、じゃあここは？」

「はな（鼻）」

このようにして性器を中心にしながら同心円を描くように体の部位の名前を順番に尋ね、最後に性器の名称を尋ねます。

「ここは？」

「おっぱいじゃろが！」

「は～い、おっぱいね」

「じゃあ、ここは？」私は一番最後に女の子の外陰部を指してたずねました。

すると、加奈ちゃんはニッカ～ッと面白そうに笑って大きな声で、

「おめこじゃろうが～！　アホ～！」と答えてケラケラと笑い出しました。

[この子は性的虐待は受けていない！]

私はこの時直感的に感じ取りました。性的虐待を受けている少女はこんなに元気に楽しそうに性器の名称を口にしたりはしません。ただ、加奈ちゃんはどこか通常でない雰囲気を漂わせていたのです。それが何かまだわかりませんでした。ダメ押しの質問を続けました。

「誰か加奈ちゃんの頭を触る人はいる？」

「うん」

「誰？」

「ママ」

「どうやって触るの？」

「なでてくれるん。でも、カナちゃんがわるい子んときはパン！　てたたくんじゃ」

JCLS 88002-168

「いっぱい叩かれるん？」

「ううん、パンッ！　てちょっとだけ」

「ほかに叩く人はおるん？」

「がっこのせんせ」

「え～？　がっこの先生が叩くの？　いつも？」

「ううん、みんなが悪い子ん時だけ」

「おじちゃんは加奈ちゃんの頭触ってもいいかなあ？」

「え？」加奈ちゃんは不思議そうな顔をしましたが、「うん」と言ってくれたので私は加奈ちゃんの頭を撫でてあげました。

「じゃあ、加奈ちゃんのお手ては誰か触る人はいる？」

こんな調子で頭、手、足、背中、お尻…の順に質問し、最後に性器についてたずねます。

「じゃあ、誰か加奈ちゃんのおっぱいを触る人はいるかなあ？」

「アホ！　さわるわけないじゃろが！」

「おじちゃんは触ってもいい？」

「アホ～‼　イケンにきまっとるじゃろが！」

「あっそ～、じゃあぁ～…加奈ちゃんのおめこは誰か触りにくるかなあ？」

「アッホ〜〜〜！！！　アホアホアホ！　そんな人おるわけないじゃろが‼」

「ママは？」

「さわらん！」

「おじちゃんは触ってもいい？」

「アッホ〜〜！！！　バッカも〜〜ん！！！　イケンにきまっとるじゃろが〜‼　そんなことしよったらケーサツにつかまるじゃろが！」

私は加奈ちゃんは性的虐待は受けていないと確信しました。でも、最初に見たおとなしすぎる加奈ちゃんがどうしても気になっていたのです。たまたまなのか、何か意味があるのか？

最後に私は「ぬり絵試験」をすることにしました。これも情景判断試験の続きなのですが、いま子どもに見せた裸の絵に好きな衣装を選ばせて、その衣装に色鉛筆で着色させるのです。

選択肢には数種類の衣装がありますが、私がこれまでに試験をした幼児〜低学年の女児は全員がロングドレスを選んでいます。加奈ちゃんもロングドレスを選びました。その絵を先ほどの裸の絵の上に貼り付けて、「じゃあ、この服に好きな色を塗ってみて」と言って二十四色の色鉛筆を手渡しました。加奈ちゃんは

「ええよ」

と言っておもむろに前胸部から着色し始めたのですが……。

私はこの時加奈ちゃんが最初に選んだ色を見てびっくりしてしまいました。なぜなら、私がそれまでにまったく経験したことのない色使いで着色を始めたからです。

彼女は濃い青色を最初に選びました。そして両袖を同系色の水色で塗り、次に先ほどの前胸部のやや下方をレモンイエローで着色したのですが、すぐにまた元の青系統の色をその下に塗り、続いて水色、そして再び黄色系統の黄緑色、同系色の緑色を塗ったかと思うと、また元の青色に戻りました。そして、加奈ちゃんの手はここでピタリと止まったのです。

「どんな色塗ってもいいんだよ」

私は少し先を促しました。それでも加奈ちゃんはまだ考えています。

「じゃあ、これまでに使ってない色を塗ったら?」

すると、しばらく考えてから加奈ちゃんはやっと赤系統の茶色を選び、次いで赤色を塗ったのですが、すぐに元の青系統の色に戻ってしまったのです。水色、群青、淡い青色と続き、なぜかまたレモンイエローで着色して、ぬり絵は終わりました。何とも不思議な色使いでした。

通常、この年齢の女児はオレンジ色や黄色、ピンク色などの比較的淡くて明るい色を単色で選ぶことが多く、加奈ちゃんのように最初から暗い青色系統を連続して使うのはきわめて異例でした。私は絵を見つめながらしばらく考えていました。途中の茶色と赤色は私が無理に誘導して着色させた色ですから、青系統とレモンイエローが加奈ちゃんの好きな色、言わば心地良い心象風景の色彩であると言えます。

いったい何を表しているのだろう？

暗い青と明るい黄色、しばらくしてふと思いついたのは、夜のイメージではないかということです。私は加奈ちゃんに尋ねてみることにしました。

「ねえ加奈ちゃん、加奈ちゃんは朝と昼と夜のいつが一番好きなの？」

すると加奈ちゃんは、

「よる！」

即座にまったく迷うことなく答えたのです。

「夜？？」

何とも不思議な答えでした。なぜなら、通常幼い子どもたちにとって夜はけっして楽しい時間ではなく、無理やり寝かしつけられたり、何がいるかわからない暗闇が支配する怖くて不快な時間だからです。

JCLS 88002-168

JCLS 88002-168

「加奈ちゃんはどうして夜が一番好きなの？」

「う～ん、おほしさまがいっぱい見れるじゃろ？　おつきさまも見れるじゃろ？」

「なるほど～、いつもお星様とかお月様とか見てるの？」

「うん。ダイアモンドダシュト」

「は？　ダイアモンドダシュト？」

「そうじゃ、せんせしらんの？　おほしさまはダイアモンドなんじゃ」

「へえ～？　じゃあ、お月様は？」

「きんか（金貨）！」

「ハハハハ、そっか～ダイアモンドと金貨かあ、そりゃいいわ」

ノー天気な私はその時、まだその言葉が何を意味しているのか、全然気がついていませんでした。


性的虐待の疑いはほぼ消えていましたが、児童相談所長の正式な依頼もあったので正確を期すために最後にワタナベ先生と一緒に性器を診察しました。外陰部にとくに異状はなく、処女膜も健全で性器への侵害行為を伴うような被害に遭っていないことが証明されました。当初の性的虐待の疑いはどうも無さそうだということで若干安心し、ホリさんとワ

JCLS 88002-168

タナベ先生にそのことを説明しました。

「性的虐待は客観的な身体所見からも情景判断試験からも否定的です。何か思い過ごしだったのではないでしょうか。それにしてもあの色使いは特異でしたねえ。普通の子どもはあのような色使いはしないので、虐待以外に何か特別な背景があるのかもしれません。しかし、それは身体的虐待や性的虐待、あるいはネグレクトといった身体的被害を伴うものではないように思います。ここからあとは法医学的なアプローチではわかりませんので、精神科か心理の先生に相談されてはいかがでしょうか」

「そうですか、ありがとうございました。性的虐待でないということで私たちも安心しました。心理的な面についてはもう少し子どもの生活背景を詳しく調べてみることにします。」

外には夕闇が迫っていました。もう夜の八時を回っています。長時間の診察に疲れたのか加奈ちゃんは無言でしたが、何だか先ほどまでの明るい表情が一転して凍りついた表情に変わっていました。

「加奈ちゃん、疲れた?」

異様な雰囲気に気付いたホリさんが声をかけました。

「……」

「あれ、どうしたの？　しんどい？」

加奈ちゃんは黙って首をふりました。

「どうしたんじゃ？」

「……帰りとうない」

「え？」

「おうち、帰るのこわい」

「おうち帰るのこわい？　なんで？」

「オニがおる。家を叩くんじゃ、大きな声でどなるんじゃ」

「鬼？　見たことあるの？」

「……」

あまりにも様子が変でした。もう一つ変だったのは母親にも連絡がとれなかったことです。これでは加奈ちゃんを家に帰すこともできません。皆困ってしまいました。

「お母さん、どこにおるんかなあ？……連絡がつくまで加奈ちゃんお星様でも見に行く？」

「行く、行く！　おっほしさま見に行く！」

何か必死な様子で加奈ちゃんはおねだりをしたのです。私も気になったので、加奈ちゃんやホリさんと一緒に街外れの小高い山にある公園に夜空を見に行くことにしました。車から降りて芝生の上に腰をおろして夜空を見上げると、都会ではけっして目にすることのできない満天の星空が拡がっていました。

「うわあ、すっごいなあ、ホリさん、ぼくはこんな星空初めて見たよ、きれいだねえ」

「そうじゃろう？　この街の自慢なんじゃあ。周囲が山に囲まれていて町に煙を出す施設がなく、車が少ないおかげで水と空気がとてもきれいなんじゃあ。ラーメンがおいしいのも星がきれいなのも田舎だからなんじゃあ」

「でも、こういう贅沢は都会にはないなあ……」

「それは先生が都会の人だからいうこと！　私らはやっぱり都会の便利な生活にあこがれるんじゃあ。若い人はみんな街から出て行ってしまいよる」

「……」

「あれ、ダイアモンドダシュト！　ダイアモンド落ちてきたらええのに」

「ハハハ、そうだね！　ダイアモンドになって落ちてきたらみんなお金持ちになれるのにね。加奈ちゃんちょっと元気になったみたいだね」

「うん、カナちゃんおっほしさま好き！」

夜の十時を少し過ぎた頃、ようやく母親の携帯に連絡をとることができました。

「加奈ちゃん、お母さんと連絡とれたよ。おうちに帰ろう！　おなかもすいたやろ？」

「……………」

「あれ、元気ないね。お母さんがこわいの？」

「ううん」

「じゃあ、帰ろうね」

「うん……」

家に帰ろうとすると何か変でしたが、先ほどのようにはいやがりませんでした。

家はトタン屋根の粗末な一軒家でした。加奈ちゃんは母親の姿を見つけるとすぐに駆け寄って、ぴったりと母親の横にくっついていましたが、別れ際、私たちに見せた瞳はどこか救いを求めているようなさびしげな眼差しだったのです。

「う〜ん…ホリさん、やはり何か事情がありそうですね」

「そうなんです。そこがわからないんです」

日毎に秋が深まり、黄金色の稲穂が大きく垂れ始めた頃、ホリさんから連絡がありました。

「先生、原因がわかりました。サラ金です」

「サラ金？」

「ええ、悪い業者にひっかかったようで、母親が借りたのはせいぜい二十万円程度なんですが今の負債額は三百万円を超えとったんです」

「ええっ？」

「最初はせいぜい二〜三万円の借金を期日に返すためにまた借りしていたのですが、そのうちブラックリストに載ってサラ金が貸さなくなり、裏金融に手を出してしもうたんです。そうなるともう、雪だるま式に借金が膨れ上がってあっという間に三百万！　私らが調査に行った時も取立て業者が大勢つめかけていて、私たちにどんな関係かと聞いてきよりました。公務員であることを告げると、彼らはスッとどこかに行ってしまいよりましたが……」

「加奈ちゃんは？」

「朝から取立て業者が来て一歩も家から出られんかったようなんです」

「なるほど！　そういうことだったんですか。これで謎が解けましたね。」

　朝早くから家の周りに大勢のオニがつめかけて、ドンドンドン！　激しくドアを叩き、大声で怒鳴っていたのです。

JCLS 88002-168

「おらぁ金かえせ～」「どろぼう～、出てこんかい、われ～」「家におんのはわかっとるんじゃ～」「むすめソープに売り飛ばしたろか～」

延々と罵声が続き、戸口から壁からいたるところに「金返せ！」といった張り紙がベタベタと貼られるのです。お母さんと加奈ちゃんは雨戸を締め切り、物音一つ立てることもできずに部屋の隅で震えていたのでした。オシッコがしたくてもトイレに行くこともできずにじっと我慢していたのです。今は法律により夜の八時までしか借金の取立てはできません。罵声や戸口を叩く音はそのギリギリの時間まで続いていました。やがて夜の八時をまわるとようやく静かな時間が訪れます。それでもすぐに動きだすことはできません。まだまだ外にはオニの気配がするのです。それから一～二時間が過ぎてオニの気配が消える頃、ようやく親子は動きだすことができたのでした。

ようやく訪れた平和な時間、静寂の訪れた外におそるおそる出た時、そこで加奈ちゃんが目にしたのが、満天の星空と美しく輝くお月様であったに違いありません。濃い青色とレモンイエロー、それはまさしく夜空にきらめくお星様やお月様を表した、加奈ちゃんの心象風景であったのです。

「事態は改善できそうですか？」

「はい、とりあえず町の顧問弁護士さんに相談して債務整理の手続きを進めています。返さなくてもよいものが相当あるようです。それと加奈ちゃんは事態が少し落ち着くまで県の一時保護所の方で預かることにしました。保護者による虐待ではないので母親の方が落ち着いたらまた一緒に暮らせると思います」

「そうですか、大変だけどがんばってもらわないと仕方がないですね」

「はい、私たちもできるだけの援助をしていこうと思っちょります。今回の件は私たちにとっても意外な結果で大変勉強になりました。それにしても子どもの絵にちゃんと表れちょったんですね、借金地獄の苦しみが…。びっくりしました」

子どもへの虐待は必ずしも身体的な被害を伴うものばかりとは限りません。加奈ちゃんの事例のように直接的な攻撃が子どもに向けられたものではなかったとしても、周囲の大人たちの創り出すさまざまな状況が子どもの心に多大なストレスを与え、子どもを苦しめていることが往々にしてあり、これもまた子どもに対する虐待（精神的虐待）の一種であるとみなします。それは言い換えると「子どもの存在を忘れた大人の身勝手な行動」ということができるのかもしれません。そして、このような被害に苦しめられている子どもたちの心象風景は、子どもたちの描く絵やさまざまな行動の異状として捉えられることがあるのです。

JCLS 88002-168

受話器を置いて窓から外を眺めると、秋の夜空に美しく輝く大きな月が出ていました。満月まであと数日、一時保護所の窓から加奈ちゃんもこの月を眺めているのでしょうか。

「いつか幸せになれますように」

と祈りつつ……。

じぞうの絵

診察室に入ってきた少女を見て意外な感じがしました。

「え〜っ？　なんてかわいい少女なのだろう」

いつも見る虐待の被害を受けた子どもたちはこうではありません。「凍りついた瞳」と形容されるように暗くて目つきがきつかったり、あるいは無気力な表情をしているものですが、目はパッチリとお人形さんのようにつぶらで、鼻筋も通り、はっきり言ってそのまま芸能界デビューでもできそうなかわいらしさでした。少し異様なのは髪の毛を金髪に染めていることと、年齢の割りにかすかな色気が感じられることぐらいでしょうか。しかし、私の甘い印象は、次の瞬間に音を立てて崩れ去ったのです。

「こんにちは！」

私はできるだけ明るく声をかけたのですが、

「……」

女性の児童福祉司さんにつきそわれながら無言で部屋の中に入ってきた少女は、半円形のテーブルを挟んで私の前に座りながらじ～っと私を見つめ、左頬を少しひきつらせて「ニヤッ」としたかと思うと、ゆっくりとした口調でいきなり
「おっさ～ん、いつもエロビデオばっかりみとんのやろ～」

と、何の脈絡もなく、しかし思いっきりいやらしいものを見るような視線と一緒に、私に罵声を浴びせたのです。

「え？、？？」

予期せぬ罵声に私は一瞬何のことかわからなくなり、す～っと顔から血の気がひいたのですが、一瞬遅れてか～っと頭に血が上り真っ赤になってしまいました。青くなったり赤くなったり、まるで信号機です。ひょっとすると「かわいい！」と感じた私の表情がいやらしいスケベ顔になっていたのかもしれません。

さらに少女は私に向かって
「いやらしそうな顔して…このすけベオヤジが…フン！」

と重ねて罵声を浴びせました。

私の頭の中はパニック状態でしたが、何とか気を取り直して「目の前にいる子は辛い思いをしてきたに違いない」と自分に思い聞かせました。何とか必死にコミュニケーションの糸口をつかもうと、少女の正面に座りなおしてゆっくりと机の上に両手を置こうとした

のですが、その瞬間、

「オラ！　こっち向くなよ！」

「近よんなよ！　きもい（＝気持ち悪い）なあ、このヘンタイ！」

とさらに罵声を浴びせて威嚇するのです。

私も思春期の頃はいわゆる「すぐにキレル子ども」の典型で、他校生との乱闘騒ぎや上級生との喧嘩に明け暮れていた時期もあったのです。

『このクソガキ、しばいたろか！』

と一瞬昔の血が騒ぎました。それでも『あかん、あかん』と必死に思い直して尋ねました。

「リカちゃん、エロビデオ見たことあんの？」

「フフン！　あるで！」

「いつも家でおっさんがみてるわ。女の人がチンポなめたりすんねんで！　私もおっさんのチンポなめさせられるねん」

あまりの露骨な言葉に私はどう反応してよいかもわからず
「うッ…」

小学校二年生の少女に、元祖ツッパリ少年の中年男が返す言葉もなくなってしまいました。一緒にいた若い女性の児童福祉司さんは、まるでゆでだこのように真っ赤になってうつむいてしまっています。すると少女はニタ〜ッとして
「ねえちゃんもやってんのやろ！　エロそうな顔してるやん」

「なあなあ、ねえちゃんどうやってなめるん？」

と児童福祉司さんに聞き始めるのです。思わず二人で顔を見合わせてしまいました。それでも診察は続けなければなりません。私は聞きました。

「いつも見てるおっさんって？」

「うちのおばはんといつも一緒におるやつや、けったくそ悪い！」

児童福祉司さんが消え入りそうな声で「義父です」と横から教えてくれました。

「家で『おっさん』って呼んでるの？」

少女はあわてて首を横に振ると
「アホ！　そんなん言うたら殺されるやん！」と急に小声になりました。

私たちの鑑定診断では虐待を受けた子ども自身から事実を聞きだす「問診（虐待の現場ではとくに司法面接とも呼びます）」がとても重要ですが、幼い子どもたちが大人のようにはっきりと論理立てて話ができるわけではありません。とくに虐待を受けている児童の

場合は構われていない結果として発達年齢の遅延がみられることも多く、年齢相応の正常な会話が成り立たないことが多いのです。このような子どもたちから事実を聞きだすために、米国ではチャールズ・ジョンソン医師らが数十年前からさまざまな工夫を行ってきました。その中に「絵」を用いた診断方法があります。一つは「絵」を見せて子どもにさまざまなことを語らせる「情景判断試験」、もう一つは子どもに絵を描かせて心理状態を推測する「絵画描画試験」です。その時の少女はとても私が傍に近づくことを許してくれそうにありませんでしたから、私は身体測定の前にこれらの「絵」を使った試験を行うことにしました。まず、同じ年齢ぐらいの女の子の裸の絵を見せて、体の部位の「名前当てごっこ」の雰囲気で「情景判断試験」を始めました。

「リカちゃん、ここは何？」

「足やろ、おっさん知らんの？」

「ピンポーン！　ちょっと聞いただけやんか。じゃあここは？」

「あ〜た〜まっ」

少女はいかにもうっとうしいという顔をしながら

「うん、ここは？」

「ひ～ざ～やっ、アホみたい」

もう、精一杯の軽蔑をこめて答えます。

「よく知ってるやんか～！　えらい！」

このように、性器からなるべく離れた部位から同心円を描くように順番に名称を聞き、とにかくあってても間違っても子どもを褒めまくるのがコツです。そして私たちは子どもが言ったとおりの言葉をその「絵」の上に記録していくのです。

「ここは？」

胸の乳首を示すと
「ピーチクやんけ、ケケケ」

と、私の顔を興味深そうに眺めながら答えました。

私は「ぴーちくやんけ、けけけ」と文字を記載します。

「何書いてんの？　アホちゃう？」

少女はまた軽蔑したような顔で私を見つめます。

そのようにしながら、最後に性器そのものの名称を聞きくのです。

「じゃあ、ここは？」

すると少女は

「おっさん、さっきから変なとこばっかりきいてなにしてんの？　すけべ！　ちかん！」

「ちょっと教えてよ」

「い〜や〜じゃ！」

「あっ、わかった！　知らんのやろ〜」

時にはこのように挑発的な呼びかけも必要です。

「アホ！　オメコやんけ！　いやらしおっさんやなあ」

私は「あほ、おめこやんけ、いやらしおっさんやなあ」と記載します。

通常の試験ではこれらの「名前当てごっこ」の次に身体の各部について他人が触ってもよい場所と他人が触ってはいけない場所を両親や兄弟、あるいはアカの他人に分けて尋ね、次いで最近それぞれの部位について誰が触ったか？　あるいはその時にどのように感じたかを尋ねていくのですが、この時は性器の名称を口にした次の瞬間、少女の表情がふっと曇ったように感じました。そして、少女はこちらが聞きもしないのに語りだしたのです。

「うちのおっさん、ここ噛みにくるねん！」

「おかん（お母さん）のおめこにチンポ入れたりしおるねん！」

相変わらずの露骨な表現にめまいがしそうでしたが、こちらもそのペースに少しは慣れ

てきました。そして
「え～っ、そうなん？　その時リカちゃんどうしてるの？」

と尋ねると、

「………」

長い沈黙の後、

「いやや」

と急に消え入りそうな小声になり、瞳から一気に大粒の涙が溢れ出しました。真っ赤な顔をして唇をギュッと噛み、視線を落として顔をそむけ、うつろな表情で床の一点を見つめ続けています。先ほどまでの勢いは急に失せ、虐待を受けている子どもに特有の暗い表情に突如として変化したのです。これがこの子の真の表情であるに違いありません。部屋に入ってきたときのお人形さんのような可愛らしい表情はまさにこの子の「仮面」だったのでしょう。荒々しい言葉や罵声は自分を守るための鎧や武器であったに違いありません。［このクソガキ、しばいたろか！」と思っていた私の心も一気に醒め、重苦しい空気がその場に立ち込めました。このような状態になってしまってはこのまま診察は続けることはできません。

「今日はこのへんにしてちょっと休もうか」

JCLS 88002-168

先ほどまでゆでだこのように真っ赤になってうつむいていた若い女性の児童福祉司さんに付き添ってもらいながら、保護施設のほうに帰ってもらいました。

二回目の診察は数日経ってから同じ施設で行いました。前回の診察で情景判断試験の結果はある程度出ているので、今回は絵画描画試験を行うことにしました。一回目の面接で仮面をとってしまっているので二回目の面接は比較的スムーズにいきます。それでも…

「こんにちは！」

「なんや、この間のおっさんや」

相変わらず荒い言葉遣いです。一回目よりはかなりレスポンスは早くなっていますが、こちらをあまり見ようとはしません。

「元気にしてた？」

「べ～つ～にっ…」

完全に真横を向きながらぶっきらぼうに応えます。

「今日はリカちゃんに絵を描いてもらいたいねん」

「え～っ、めんどくさい」

「一枚だけ！」

「え〜っ、何の絵を描くの？」

「う〜ん、リカちゃんの絵！」

「自分の〜？」

「そう」

「私、絵の描き方知らんねん。アハハ、そやから描かれへん！」

「どんなふうに描いてもいいから」

「い〜や〜やっ、もう、めんどくさいなあ」

「お願い！　はい、画用紙、はい、色鉛筆」

「もう〜、いややって言ってるやんか」

　と言いながらも少女は色鉛筆を持ちはじめました。

「私の絵、描くの？」

「そうそう」

「なんでこんなめんどくさいことさせるねん……ブツブツ……」

　こうなってきたらしめたものです。

「どんな風に描いてもいいよ！」

「絵の描き方知らんねん」と言ったわりに意外にも少女は案外上手な絵を描き始めまし

JCLS 88002-168

た。一回目の面接の時に見せた表情と同じような、とても可愛らしい少女の絵を描き始めたのです。目はパッチリと、表情はにっこりと、まるでお人形さんのようです。

「うわあ、リカちゃん絵、描くの上手やんか〜、すごいよ！」

「フフン！」

「私な、ほら金髪にしてかわいいやろ、だから髪の毛、金色に塗るねん」

と言いながら髪の毛を金色に塗り、かわいいリボンもつけてくれました。服装も細かな模様を丁寧に描き、その模様をさらに細かく色分けしながら着色していったのです。人体各部の区別・構成といい、服装の区別、デザイン、色分け、どの点をとっても満八歳の年齢相応、あるいはそれ以上の丁寧な絵画構成能力があることは明らかでした。ただ一点、問題なのは画用紙の一部分しか使わず背景をまったく描こうとしないことでした。

「できたよ！」

「すごい上手やんか。びっくりしたよ。ちゃんと描けてるやんか」

「そう？」

「うん、すごい、すごい！　おっちゃん、リカちゃんのこと見直したわ」

「あ、そっ、もうええやろ、帰るで」

半分馬鹿にしたような顔をしながらも、表情はまんざらでもなさそうでした。ここで一気にテストを終わらせてしまわなければなりません。

「ちょっと待って、今度はリカちゃんのパパとママの絵をここに描いてよ」

「なんでやねん、いやや！」

もう、どうしようもなく嫌な表情をしました。

「リカちゃん、絵、上手やんか」

「い〜や〜やっ！」

立ち上がって帰ろうとしかけた、その瞬間、

「これあげる！」

私はポケットからキャンディを数個取り出してついに贈賄工作にかかることにしました。子どもとのコミュニケーションにはさまざまな工夫が必要ですが、やはりお菓子はとても効果的なので、私はいつもポケットにキャンディを入れて子どもの面接に臨みます。効果はてきめんでした。少女はチラッとお菓子を見ると、すっと私の手からお菓子をとろうとしたのですが、こちらもそう簡単には渡しません。手の届く寸前にすっとキャンディを見せていた手をひいて言いました。

「ちゃんと描いてくれる？」

「わ〜かった！　な、はよ頂戴！」

こういう時は思いっきり媚をうるような表情に変わります。

［しめしめ、やっぱり子どもだぜぇ～］と思いながら
「はい、どうぞ！」

と手を開くと、今度は肩透かしを喰らわないように、少女は私の手から素早くキャンディを掴み取るとすぐに食べだしました。

「じゃあ、パパとママの絵を描いて」

私は先を促しました。贈賄工作にあっさりとひっかかった少女は素直に絵に向かい始めたのですが、描き始めた絵を見てびっくりしました。先ほどまで自画像を描いていた時とはまったく絵の描き方が違うのです。黒の色鉛筆を使って描き始めたその絵は、まるで年少の幼稚園児の描く人物像でした。絵の構成も表情も単純で衣服の区別もありません。模様も着色もまったく無い絵を描き始めたのです。自画像に向かって右側に義父の絵を描き、自画像と義父の間に母親像を描き始めたのですが、なぜかその絵はすぐに塗り潰されました。そして、今度は自画像の左側に母親像を同じような黒色の単純な線で描き、なぜか最後に義父像の足にバツ印をつけたのです。それから続いて少女は自画像に何かを描き足し始めました。最初は左手に何か棒の様なものを描き始めました。

「それ何？」

私が怪訝な顔で尋ねると、少女はニヤッとして
「鉄パイプ」

と答えました。

「えっ、鉄パイプ？」

私がビックリしたように尋ね直すと、少女は急にケラケラと笑い出しながら
「ケケケ、鉄パイプや鉄パイプ、ヒヒヒヒヒ」

と不気味に愉快そうに笑いながら答えます。

「リカちゃん、そんな鉄パイプ持って何するの？」

すると
「ケケケケケ、ヒヒヒヒヒ…」

としばらく不気味に笑っていたかと思うと急に形相が阿修羅のように変わりました。

「あのクソオヤジ、ぶっ殺したるねん！」

「……」

続いて少女は今度は右手にも何かを描き始めました。よく見ると日の丸の旗のように見えます。私はなるべく明るく尋ねました。

「リカちゃん、そっちの手は日の丸の旗持って何するの？」

するると、少女はいかにも人を軽蔑するような表情をしながら、私に言いました。

「お～っさん、ア～ホ～か！　これ、包丁や包丁！」

「え～っ、ホウチョウ？」

「そうや、この赤いのは、血や血！　日の丸の旗やなんてアホちゃうか！」

「リカちゃん、包丁なんか持って何するの？」

するると、また
「ケケケケ、ヒヒヒヒヒ…」

としばらく不気味に笑ったかと思うと、急に形相を変えて言いました。

「あのクソばばあ、ぶったぎったんねん！」

そして、少女は母親の顔を真っ黒に塗り潰してしまいました。やがて、最後に少女は義父像、母親像のそれぞれの頭の上に「じぞう」「じぞう」と字を書いて絵を描き終えたのです。私にはもうその場で「じぞう」の意味を聞くだけの気力は残っていなかったのですが、
少女は自ら境遇を語り始めました。

「私はあいつらのために何でもしてやってるねん。掃除も洗濯もご飯の用意も、全部私がやってるねん。そやのにあいつらは私に何もしてくれへん。あんなんそこらへんの道端におるじぞうと一緒や。何にもしてくれへん！」

少女の表情には怒りがこもっていました。でも、それは剝き出しの怒りなのではなく、阿修羅のようにどこか寂しそうな、何か救いを求めるような、深い悲しみをこめた表情だったのです。

わずか八歳のその少女は、家事のすべてをやらされていました。家庭内の掃除や洗濯はもちろんのこと、米を洗って炊飯器で炊くことまでさせられていたのです。おかずは母親が時々、できあいのものを買ってきました。みそ汁はインスタントでお湯を注ぐだけ。それも三人が揃って食事を摂ることはほとんどなかったのです。外食をするのは義父と母親の二人だけでした。義父も母親もいない時、少女は一人で残り物のごはんをインスタントのみそ汁の中に入れて食べるように言われていたのでした。まるで犬のエサです。実の父親は少女が五歳の時に離婚していました。しばらくして母親には新しいオトコができ、少女が小学校に入学してしばらくした頃に少女の家に転がり込んできました。狭い二間だけの文化住宅で、少女が起きていようが同じ部屋にいようが、お構い無しに二人はアダルトビデオをつけ、SEXをしたい時にして、少女はその一部始終をずっと見ていたのでした。

義父にも母親にも定職はなく、生活保護を受けながら、そのほとんどの金をパチンコに費やしていました。終日、パチンコ屋で過ごし、家に帰ってくるのはいつも夜の十一時を廻っていたのです。少女はその間に学校に行き、帰ってからは家の中でずっと一人ぼっち

JCLS 88002-168

で過ごしていたのですが、仮面をかぶっていた少女の悲惨な境遇が、学校や近所に気付かれることはありませんでした。掃除をしたり、洗濯をしたり、お米を洗ったり、それでも八歳の少女です。夜が更けてくれば眠たくなり、洗濯物をたたみながら、そのまま床の上で寝てしまうこともあったのです。

幼い子どもが一人で留守番をしている時にそのまま眠りこんでしまったら、皆さんならどうするでしょう？　普通はそっと子どもを抱きかかえてベッドに寝かせるか、寝ている子どもの上に優しく毛布をかけてあげたりしますよね。でも、この家では違いました。洗濯物がまだ残っているのを見つけた義父は、やにわに少女を蹴り上げて怒鳴りつけたのです。

「うぉら～ッ、なに寝とるんじゃあ～！　さっさと片付けんかい！」

眠い目をこすりながら少女はびっくりして洗濯物をたたみ始めるのでした。実の母親は何も手伝ってくれません。何もかばってくれません。それどころか少女が洗濯物をたたんでいるそのすぐ横で二人がＳＥＸを始めることもしばしばでした。少女にわざと見せているかのように。やがて義父の手は母親だけでなく少女にまで伸びるようになっていったのです。地獄の家でした。

ある日、学校からの帰り道、少女はとうとう家と反対の方向に歩き始めてしまいました。そして夜の九時頃、一人で児童公園にいたところを警らのお巡りさんに保護されたのです。義父と母親はいつも通りパチンコに行っており、まったくそのことに気付いておらず、警察が連絡をとろうとしてもとれませんでした。しかし、少女がかたくなに家に帰ることを嫌がるのを不審に思った警察から児童相談所に通告があり、一時保護されたのです。義父と母親は子どもが保護されたことを知ると激昂しました。

「うぉら～返さんかい！　泥棒！」

児童相談所で机を蹴飛ばし、壁をドンドン叩きながら職員に暴言の限りを尽くしたそうです。

テストの最後に私は少女に聞きました。

「リカちゃん、お家に帰りたい？」

「……」

しばらく無言でした。質問を変えてみました。

「ここ（＝保護施設のこと）にいるのは嫌じゃない？」

「うん、いややないよ！　友達もできたし…」

JCLS 88002-168

今度はすぐに答えてくれました。もう一度尋ねました。

「家に帰らなくても平気？」

「……ママには会いたいけど、おっさんがおるところは絶対にいやや。おっさんと一緒におるママもいやや」

これが、目に涙を一杯溜めてしぼり出すように言った少女の素直な気持ちでした。

道端に佇む「じぞう」には多くの人々のさまざまな祈りが込められています。どんなに頑張ってもどうしようもない困難に直面したとき、人々は祈りの心を持つに違いありません。少女にとって義父は一度たりとも「親」ではなく悪魔でしかなかったのです。母親はその悪魔が憑いた化身でしかありませんでした。悪魔は鉄パイプで叩き殺さなければならなかったのです。悪魔の憑いた化身は包丁で切り裂いて本当の母親を取り戻さなければならなかったのです。それは少女と悪魔との壮絶な闘いでした。描かれた「じぞう」はけっして祈りの対象ではなかったのかもしれませんが、少女の憤怒の表情の陰にはささやかな祈りがあったに違いない、私にはそう思えてならないのです。

「おじぞうさん、わたしにおかあさんをかえして…やさしいおかあさんを、かえして」

JCLS 88002-168

おとうさんが

律子さんが結婚したのは六年前のことでした。当時、とくに親しく付き合っていた人がいたわけでもなく、二十代後半になって何となく周囲の人たちの勧めによってお見合い結婚をしたのです。相手は自動車工場の修理工で一つ年下でした。律子さんは別に処女ではありませんでしたが、それほど性経験は豊富ではなく、SEXについてもあまり良い印象を持っていませんでした。いや、どちらかと言えばしないで済むものならしたくない、と漠然と思っているぐらいでした。それでも結婚したら相手の求めに応じないわけにもいかず、なんとなく惰性で行為に応じていました。一方の相手はまだ二十代の健康な男性で、言ってみれば精力絶倫、三度の食事を摂るのと同じ感覚で朝・昼・晩と毎日のように求めてきたのです。律子さんも最初は新婚生活なんてそんなものかとも思っていたのですが、しばらく経っても一向に求めが減少することはなく、むしろ回数は増え、一種の異様な雰囲気を感じるようになっていました。しかもその行為は雑でデリカシーがなく、律子さんはいつも夫とのSEXを嫌だと思っていました。結婚して半年程度経過した頃、律子さん

JCLS 88002-168

の妊娠が判明し、それを機会に律子さんは何だかんだと理由を付けてSEXを断るようになっていきました。そして臨月に入ると同時に実家に帰省して、一切の性交渉を絶っていったのです。しばらくしてリカちゃんが生まれると、また家庭に復帰していったのですが、時間をとわずに一日中泣き声をあげているリカちゃんの世話で律子さんはクタクタに疲れていきました。家庭に帰ってからしばらくの間は夫もおとなしく母子を見守っていましたが、数週間もするとどうにも我慢ができなくなり、律子さんを求めてきました。

「もう、止めてよ」

「なんでだよ、夫婦やからええじゃないか」

「疲れてるし、そんな気にならないのよ」

「ずっとしとらんじゃろが、お前は寝とったらええから……ちょっとだけ」

「もう、イヤ!!」

あまりに強い拒絶に夫はたじろぎ、興ざめしたのかその場を諦めました。その後しばらくの間、一見、とくに変わったこともなく日常が経過していきました。リカちゃんが満三ヵ月になった頃、いつの間にかリカちゃんをお風呂に入れるのは夫の仕事になっていました。夫はなぜかリカちゃんをお風呂に入れるのをとても楽しみにしていましたが、律子さんは別にそのことを異常には思わず、むしろ子育てに積極的に協力してくれる頼もしい存在のようにすら感じていたのです。

それは陽射しがとてもまぶしく感じられる、梅雨が明けたばかりの真夏のある日のことでした。リカちゃんは満四ヵ月になっていました。夫はいつものように勤務先の自動車工場から帰宅してきました。

「ただいまぁ」

「あら、お帰りなさい。お風呂沸かしておいたけどすぐお風呂にする？」

「うん」

「じゃあリカちゃん連れていくから先に入っていて」

「おう」

真夏の夕方はまだ外も明るく、すべてはゆったりと時間が流れていました。夫が風呂場に入った後、シャワーの音が止んだ頃を見計らって律子さんはリカちゃんをお風呂に連れて行きました。

「じゃあ、お願いね」

「おう」

返事とともにリカちゃんを受け取る夫の顔はなんとなく嬉しそうでしたが、それはいつものことでした。律子さんはお風呂から上がった後にリカちゃんの体を拭くためのバスタオルを脱衣場において、夕食の支度をするためにまた台所に戻っていきました。すべてはいつも通りでした。しばらくした頃、律子さんの実家から電話がかかってきました。

「大きなスイカもらったけん、わけちゃるから取りに来てくれんか」

「ありがとう、じゃあ、あとで主人に取りに行ってもらうわ」

「そんじゃあ、用意しとくけん」

電話を切った律子さんはお風呂場の夫に今の電話の話をしに行ったのですが、……。

脱衣場から何気なく風呂場のドアを開けた律子さんは、そこで信じられない光景を目にしてしまったのです。夫がリカちゃんを自分の太ももの上に乗せて両手で抱えながら腰を振っていました。夫のペニスは明らかに勃起しており、リカちゃんの性器のあたりに擦り付けているのです。

「あんた！　いったい何してんのよ！」

「うわぁッ！　いきなり何するんじゃ！　びっくりするじゃろが」

「びっくりするじゃろが、ってびっくりするのはこっちの方よ。自分の娘、それも赤ちゃん相手に何してるんよ」

「な、何もしとらんよ。こうやって洗っとるだけじゃろが」

慌てた夫はその場をとりつくろって石けんでリカちゃんを洗ってごまかしました。律子さんはペニスが勃起していることを咎《とが》めようとしたのですが、その時にはびっくりしたせいか、夫のペニスはもう縮み上がって小さくなっていました。あまりにおぞましい光景が信じられず、律子さんも幻覚でもみたのだろうかと一瞬思ってしまい、それ以上は咎《とが》め立てもしませんでした。でも、やはりどう考えても夫のペニスは勃起してリカちゃんの性器に擦り付けられていたように見えたのです。

その後、そのような光景を目にすることは二度とありませんでしたが、リカちゃんの発達がやや遅く、とてもおとなしい子であることが律子さんには少し気になっていました。オムツを替える時に時々性器が赤く腫れていることもありましたが、律子さんはオムツかぶれかな？　程度にしか考えておらず、とくにそれで医師のところに行くようなことはありませんでした。律子さんがもう一つ気になっていたのはリカちゃんがオムツを替えるために陰部を拭く時にいつも何とも言えない恍惚とした表情を見せることでした。はじめのうちは単純に清潔に拭いてもらって気持ちいいのだろうと思っていたのですが、やがて息があらくなって白目を向くようになってきてからは、明らかに変だと思い始めるようになりました。

「あら、いやだ。こんな赤ちゃんでも触られると気持ちいいのかしら」

性的なことにあまり興味のない律子さんは［困ったな］と思いながらもどうしてよいのかもわからず、そのまま月日が経過していきました。

律子さんが次におかしいと感じだしたのはリカちゃんが四歳も半ばになった頃でした。夫が家に帰って来る時間になると、リカちゃんがそわそわし始めて律子さんの傍から離れようとしなくなってきたのです。

「ちょっとリカちゃん、そんなにベタベタくっつかないでよ。ママ何もお仕事できないでしょ！」

少し怒ってそう言うと、リカちゃんは悲しそうな顔をして傍から離れるのですが、けっして律子さんがいる部屋から出て行こうとはしませんでした。

五歳になるとリカちゃんは保育園に通うようになり、律子さんはパートの仕事に出かけるようになりました。保育園のお迎えは律子さんが行く時と夫が行く時があったのですが、ある日、園長先生が律子さんを呼び止めました。

「ちょっとお話があるのですが…」

園長先生は律子さんを園長室に招き入れると、おもむろに話を始めました。

JCLS 88002-168

「いつもお父さんが迎えに来られる時に、リカちゃんがとても怖がるような仕草を見せるので、前からおかしいな、と皆で話していたんです」

「はあ…」

「それで担任の先生がリカちゃんに思い切って尋ねてみたところ、とんでもない話が出てきてしまって…」

「とんでもない話…？　どういう話なのでしょう？」

「それが…」

園長先生は話をすることをためらっているようでした。

「あの、どんな話なのか聞かせて下さい」

「はい、ちょっと落ち着いて聞いていただきたいのですが……」

「はあ…」

「…お父さんが…」

「えっ？　うちの人ですか？」

「はい…お父さんがリカちゃんにいろいろと悪いことをされるようなんです」

「…悪いこと？」

「ええ…申し上げにくいのですが…大事なところを触ったり噛んだりするそうなんです」

「えっ？　大事なところ…」

「はい…何かお心当たりはありませんか？」

「……」

その瞬間、律子さんにはこれまでの数年間のことが走馬灯のように一気に頭の中を駆け巡りました。

「そんな…やっぱり…あぁ」

「お心当たりがあるんですか？」

「は、はい…で、でもまさか…本当にそんなことをしていたなんて…」

律子さんは、生まれてからこれまでの経過を詳しく園長先生に話しました。そして、その話を話し終えた時、園長先生は律子さんに言いました。

「まことに申し上げにくいことなのですが、それは性的虐待という児童虐待に相当してしまうんです。私どもではそのような事実を発見してしまった以上、児童相談所に通告しなければならない義務があるのですが…」

「児童相談所…ですか？　警察ではなくて？」

「どちらに通告してもよいのですが、いきなり警察がお家に来られても困るでしょう？　児童相談所の方がよいかと…」

「え、ええ…私が悪いんです…ずっと主人にさせなかったから…リカがかわいそう」

「ま、まあ、とにかくしばらくはリカちゃんから絶対に離れないようにしてあげて下さい。今日はもう遅いので、児童相談所には明日の朝連絡することにします」

「…あ、あの…児童相談所には私が行ったらだめなんですか？」

「は？　お母さんが…ですか…？」

「はい、もともとそんなに結婚したかったわけでもないんです。私が児童相談所に通告したらダメなんでしょうか？　園長先生に御迷惑はかけられません」

「ちょっと…それはわかりませんが…一緒に行くようにしましょうか？」

「すみません。本当に申し訳ありません…ありがとうございます」

その日、律子さんとリカちゃんは家には帰らず、律子さんの実家に泊りました。そして翌日、リカちゃんを保育園に預けると、仕事の休みをとって律子さんは園長先生と一緒に児童相談所に出かけました。児童相談所にはあらかじめ園長先生が訪問を電話で連絡してくれていました。

「初めまして、どのようなご相談でしょうか」

「はい、実は…」

園長先生がまず、保育園に入園してからこれまでの概略を説明しました。

「そこで、昨日お母さんにお話したところお母さんが自ら通告すると仰ったので今日こうして一緒にお伺いしたわけです。お母さんが御主人のことを通告するのは大丈夫なのでしょうか」

「なるほど。もちろん誰が通告しても構いません。このようなケースではむしろ相手の方をかばって抵抗を示されるお母さんの方が多いのでめずらしいのですが、お母さんが積極的に通告してくだされば、こちらも介入しやすいので助かります。ところで、お母さんはそのようなことが家の中で行われていたことに気付いておられなかったのですか？」

「いえ、変だなとは思っちょったんですが、まさかそんなことやったなんて…信じたくなかっただけだったんじゃと思います」

「そうですよね。普通はまさか！　って思いますからね。でも、今はそういう行為があったものと認識されているのですね」

「はい、私が悪かったんです。本当にかわいそうなことをしてしまいました。私、これからどないしたらええのでしょう？」

「児童相談所としてはまず事実の確認から行わなければなりません。また、リカちゃんを適切に保護する必要がありますが、今回はお母さんからの通告ということで保護について

JCLS 88002-168

律子さんは同意して頂けますでしょうか」

「あの、保護ってどういうことになるんでしょうか」

「通常は一時保護所等でお預かりして保護するのですが、今回は加害者がほぼ特定できるようですからお母さんと一緒にいて頂くことはかまいません。ただ、相手の男性には絶対に会わせないようにする必要があります。それが不可能であれば、施設等に隔離しなければなりませんが…」

「昨日から実家に帰省して家の方には帰っちょりません。一段落するまでそうするつもりですけんど、あの人が押しかけてくるかもしれんわ…」

「相手の男性にはこちらから一時保護の申し渡しをして近づかないように言いますが、そのことに抵抗されたりするようであれば、ただちにリカちゃんの身柄を保護して別の場所に移した上で警察に告訴します。また、当所としては事実が確認され次第、警察に刑事告訴の手続きをとるつもりですが律子さんに異議はありませんか?」

「ええ、それはええですけど…刑事告訴って裁判とかになるんですか?」

「さあ、警察がどう介入するかで変わると思いますが、それ以上のことは今はわかりません。ただ、当所としては事実確認をするにあたって法医学と児童精神科の先生に医学的な視点からそのような事実が証明できるのかどうかを診てもらうことにしています。当所の臨床心理士が心理検査等も行います」

「ホウイガク？　ジドウセイシンカ？」

「はい、身体所見や心理所見が客観的に評価できるかどうかが大切なポイントなんです」

「…難しいんですね」

「はい、事実だとすれば相手の方にとっては罪を背負うことになるわけですし、リカちゃんにとっても家族がバラバラになってしまうわけですから、それぞれの立場のさまざまな権利や影響を考えて対応をすすめていかなくてはならないのです。一方的な話だけで動くわけにはいかないんですよ」

「はあ…」

「本当に大変なのはこれからですよ。いまはお母さんがしっかりとリカちゃんを守ってあげて下さいね。私たちもしっかりとサポートできるようにしますから」

「お願いします」


児童相談所から連絡を受けた私は数日後、児童相談所のプレイルームでリカちゃんの診察を行うことになりました。

「リカちゃ～ん！　コ・ン・ニ・チ・ワ～」

JCLS 88002-168

「……」

リカちゃんは明らかに警戒した表情で私を見つめ、それから律子さんの顔色をうかがいました。

「あれ〜っ、誰だろう？　やさしそうなお兄さんね」

前もって打ち合わせておいたようにお母さんが横からサポートします。「オジサン」と呼ばせると怖がるので無理にでも「オニイサン！」と呼ばせます。

「リカちゃん、ちょっとお兄さんとお絵描きしながら遊ぼうよ」

「うわあ、リカちゃんお絵描きだって！　お絵描き大好きだもんね。どんな絵描くのかな？」

「よ〜し、リカちゃん、ここに画用紙がありま〜す。ここに色鉛筆がありま〜す。じゃあ、まずはリカちゃんの絵を描いてもらおうかな」

「リカちゃんの絵？」

「そう、これがリカちゃんで〜す、っていうのを描いて下さ〜い」

「お絵描き？」

「そう、どの色鉛筆使ってもいいよ。好きなの使ってね」

しばらく画用紙と色鉛筆を見比べると、リカちゃんは案外素直に絵を描き始めました。

でも、その絵がきわめて異常な絵であることがだんだんとわかってきました。大きな画用紙を渡してもリカちゃんはその画用紙の一部しか使おうとせず、しかも描かれた自画像はとても五歳とは思えない稚拙《ちせつ》な構図だったのです。まず、その絵には背景がまったくありません。そして自画像には指が三本しかついていないのです。さらに腕と手の区別がなく、首もついていません。鼻も描かれていません。正常発育を示す五歳の児童であれば人物画を描かせるとたいてい何らかの衣服の特徴（色や模様など）を描くのですがそれもなく、靴も履いていませんでした。つまり、人物画の構図としては満三歳前程度の構図能力しかなく、発達の遅れが見られるのは明らかでした。でも、もちろんそんなことはおくびにも出しません。

「うわあ、上手だね。もうできちゃったの？」

「うん」

「ほかに何か描くことはないかな？」

「ない」

「ＯＫ、それじゃあ次は名前あてごっこしようよ」

「なまえあてごっこ？」

「うん、ちょっとこの絵を見て下さぁ〜い。ここに女の子がいま〜す。女の子はリカちゃんで～す。じゃあ、ここは何て言うのかな？」

私は同じぐらいの年齢の女の子が描かれた一枚の絵を見せて質問を投げかけていきました。

「これ、リカちゃんなん？」

「そうだよ」

私は最初に女の子の足の部分を指差しました。

「あし」

「ピンポーン！　ここはあしで～す。すごいね、よく知ってるね、ちゃんと答えられたからここに「あし」って書いとくね。じゃあ、今度はここ！　ここはなんて言うの？」

次に私が指差したのは頭でした。

「あたま」

「ピポピポピンポーン！　よく知ってるねえ！　今度はここに「あたま」って書いとくね。じゃあ今度はここ」

私は次に膝の部分を指差しました。

リカちゃんはちょっと考えてから
「あし」

と言いました。

「オッケー、ここもあしね。じゃあ、三つ続けて答えられたからこれあげる！」

こう言って私はポケットの中から小さな箱に入ったラムネ菓子を取り出してリカちゃんに渡しました。するとリカちゃんは目を輝かせながら律子さんの方を向き、律子さんが
「うわぁ、いいなあ」と言うのを確かめてから手をさし伸ばして、

「ありがとう」

と言いました。こうなってくればしめたものです。続いて私は体の部位を当てる質問を順番に繰り返し、リカちゃんも元気に答えていたのですが、最後にその絵の陰部を指差すと、それまでの元気そうな雰囲気は吹っ飛んでしまい、ほとんど消え入りそうな声で
「オチンチン」

と答えたのです。

「なるほど、ここはオチンチンだね。偉いなあ！　全部答えられたリカちゃんは特別偉いからお兄さんはもう一つお菓子をあげま～す」

そう言って今度は小さなチョコレート菓子を渡しました。とにかく幼い子の機嫌をとるには甘いものを与えるのがコツなんです。

「いま食べてもいいよ！」

そう言うと、リカちゃんはチョコレート菓子の包みを律子さんに取ってもらって嬉しそうに口に入れました。ここで律子さんにはかねて打ち合わせたようにトイレに行くふりをして隣の部屋に移動してもらいました。隣の部屋からはマジックミラーを通してこちらの様子が観察できるようになっています。頃合を見て私は次の質問を開始しました。

「ここはリカちゃんの頭だったね」

リカちゃんは黙って頷きました。

「じゃあ、リカちゃんの頭はお母さんが触ってもいいかな？」

「うん、ええよ」

「お父さんは触ってもいいかな？」

「うん」

「じゃあ、お兄さんはどう？」こう言って私に対する反応を聞きました。

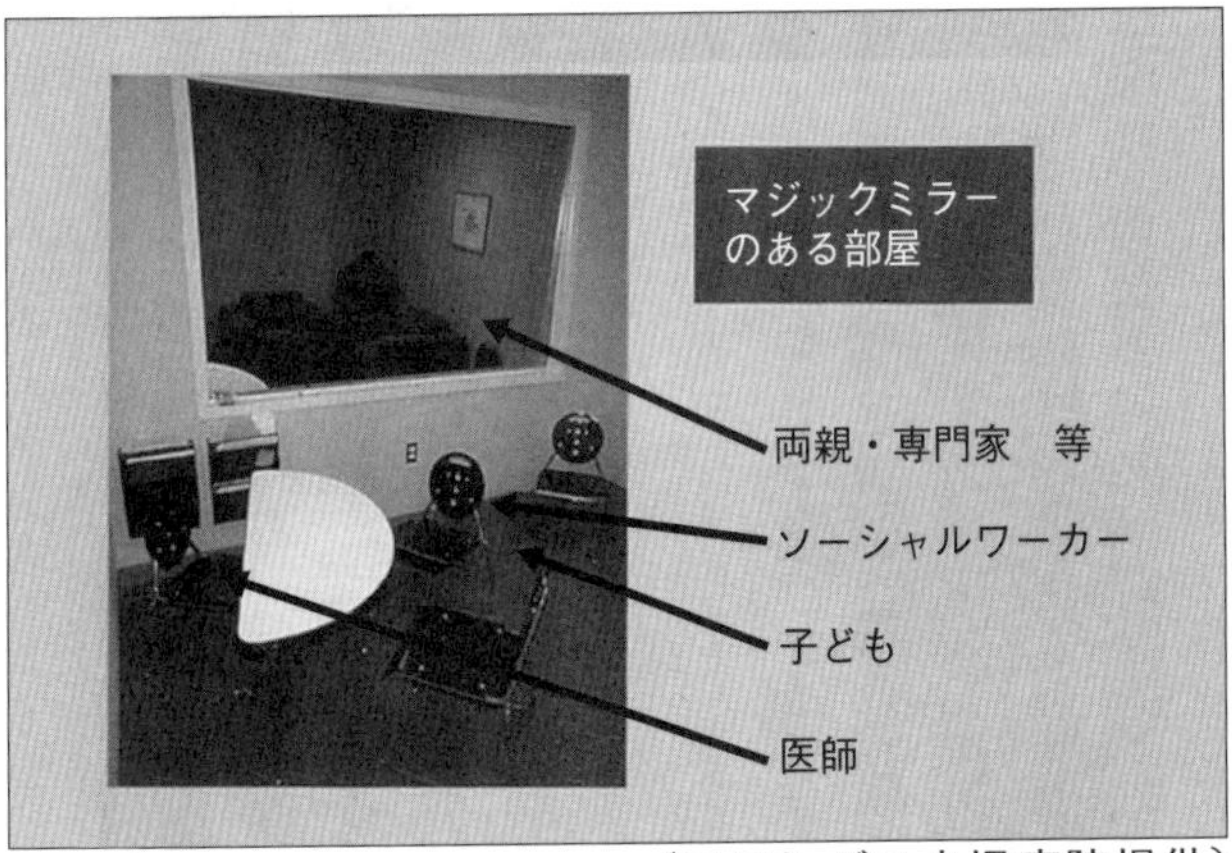

（コロンバス小児病院提供）

リカちゃんはちょっと考えてから
「うん」

と言ってくれました。

「うわぁ、ありがとう！　触ってもいいの？　じゃあ、お兄さんが頭なでてあげるね」

こう言って私はリカちゃんの頭をなでてあげました。同じように今度は手、足、お腹、胸、というようにいくつかのポイントについて同じような質問を繰り返し、最後に陰部についてて尋ねます。

「じゃあ、リカちゃんのオチンチンはお母さんは触ってもいいかな？」

リカちゃんは迷わず
「うん」

と言いました。でも、

「リカちゃんのお父さんはどうかな？」

こう尋ねると、リカちゃんはとても困った顔をしてそのまま俯いてしまったのです。もう一度私は尋ねました。

「お父さんは触ってもいいのかな？　ダメなのかな？」

そうすると、ほとんど消え入りそうな声で「イヤ」と言ったのです。そして、私につい

JCLS 88002-168

ては「イヤ」ではなく「ダメ！」と言いました。実はこの「イヤ」と「ダメ」には大きな意味合いの違いがあるのです。「イヤ」というのが既に経験があることについての拒絶であるのに対して「ダメ」は経験の有無に関わらず初めから拒絶しているのであり、父に対する「イヤ」はこの時点でそのような行為があったことを推測させるのです。

さて、次は実行行為についての質問です。

「じゃあ、最近リカちゃんのオチンチンに触った人は誰かいるかな？」

リカちゃんはうなずきながら言いました。

「いる」

私が意外だったのは、この時わずか五歳のリカちゃんがそれまでとても恥ずかしそうな消え入りそうな表情で「オチンチン」と言っていたのに、まるで大人が意を決したような表情になってはっきりと「いる」と言ったことでした。

「それは誰？」

「おとうさん」

リカちゃんはしっかりと目を見開いて私の目を見つめながら言いました。

「おとうさん？　おとうさんがリカちゃんのオチンチン触ったの？」

「うん」

「その時リカちゃんはどんな気持ちになったのかなあ?」

「触られるのはイヤ!」

「その時リカちゃんはイヤって言わないの?」

「イヤって言ったらおとうさんがおこるもん」

「どうやって怒るの?」

「ほっぺたふくらましておこるもん」

「へえ、そうなんだ。じゃありカちゃんはそのときどうしてるの?」

「じっとしてる」

「じっと?」

「うん、じっと」

「じゃあ、おとうさんはどこでリカちゃんのオチンチンをさわるのかなあ?」

「おふとんのところ」

「どうやってさわるの?」

「さわるときはパジャマもパンツも全部脱がすん(の)」

「全部脱がすの?」

「うん、でもここまでしか脱がさんの」

そう言って先ほど「あし」と言った「膝」の部分を指差しました。

「なるほど」

「その時は手で触るの?」

「手で触ったり足で触ったり、口で噛んだりする」

「口で?」

「うん、口で噛むん(の)。指も入れてくる。でもイタイって言ったら怒るからじっとしてるん」

「血は出たりしないの?」

「血が出たこともある。でも、おとうさんがおかあさんに言ったらあかんて言うた」

「おとうさんの他に誰か触る人はいないの?」

「おらんよ」

「おかあさんは?」

「オシッコしたときにふいてくれるだけ。噛んだりはせん」

「なるほど」

「じゃあ、リカちゃんのオッパイは誰か触る人はいる?」

「おらんよ。オッパイは誰もさわらん」

JCLS 88002-168

「お尻は？」

「おとうさんが噛みにくる」

「おかあさんは？」

「ウンチの時に拭いてくれるだけ。噛んだりはせん」

「おとうさんは拭いてくれないの？」

「おとうさんも時々は拭いてくれる」

「その時も噛むの？」

「ときどき噛んだりする」

「……」

この時、マジックミラーを通してこちらのやり取りを見聞きしていた律子さんは目に涙をいっぱい浮かべて声をこらえて泣いていました。

試験を済ませた私は最後に性器の診察を行います。マジックミラーに向かって合図をすると律子さんがトイレから帰ってきたような雰囲気でプレイルームに入ってきました。幼児の性器の診察は我が国ではほとんど行われておらず、性的虐待の鑑別を目的とした性器の診察経験のある医師は数えるほどしかいません。性的虐待の被害を受けた児童の性器を

JCLS 88002-168

診察することは、どうしても性器そのものの露出を伴うため、診察行為そのものが児童に性的被害経験をフラッシュバックさせる危険性があり、慎重に行う必要があります。私はこのような診察を行う場合にはできるだけ女児にとって身近で安心できる存在の人に協力をお願いしています。たとえばリカちゃんの場合には律子さんがとても協力的でしたので、律子さんにその役割をお願いすることにしました。しかし、性的虐待が疑われている児童の診察で実母の協力が得られることは比較的まれで、通常は加害者であるパートナーを庇《かば》って抵抗を示すことが多いのです。そのような場合には祖父母や保育園の保育士さん、あるいは優しそうな女性の看護師さんなど、できるだけ女児にとって親しみが持てて恐ろしくない存在の人に協力をお願いしています。律子さんには前もってどのような診察を行うのか、診察の意味と手順について詳しく説明してあり、この日は記念撮影の雰囲気で診察を進めていくことにしてありました。

「リカちゃん、今日はいろいろとお絵描きをしたり、名前あてごっこをしたりして遊んでくれてどうもありがとう。じゃあ、最後に皆でお写真を撮ってからお家に帰ろうね」

「お写真？」

「そうだよ。ほら、ここに大きなドラエモンもいるからドラエモンも一緒にお写真撮ろう。ママもこっちの優しいお姉さんもみんな一緒に撮るよ」

「は〜い」
「じゃあ」カシャッ
「次はシャツを脱いで撮ってみよう！　は〜い、みんなシャツを脱いで下さ〜い。……
ＯＫ」カシャッ
実は立会いの児童福祉司さんや律子さんにはリカちゃんよりも数枚多めにセーターやジャンパーを着てもらっていました。リカちゃんといっしょに服を脱いでいって裸になってしまってはやはりまずいからです。リカちゃんは数枚脱げば素っ裸になるようにしてありました。
「次はズボンも脱いじゃおう」
「キャハハハ」カシャッ
そのようにしながらパンツを脱がせて、ベッドの上で律子さんのお腹の上に乗せて優しく抱っこをしてもらい、律子さんの手で大陰唇を拡げてもらいます。私たちはその間にスケールを性器の傍《そば》にあてながら素早く写真をとり、綿棒で膣液《ちつえき》を採取して細菌学的検査を行う試料を採取しました。性器そのものの露出時間は数十秒で済むようにするのです。律子さんはこの間常に優しくリカちゃんに声をかけてくれています。
「リカちゃん、ママがいるから大丈夫よ…終わったら一緒にハンバーグ食べに行こうね…

JCLS 88002-168

ソフトも一緒にたべようか…」

「リカちゃん、コーンスープがいい」

「ＯＫ、コーンスープね」カシャッ
お母さんに抱っこされているからか、リカちゃんは若干の不安そうな表情はしたものの、比較的落ち着いた穏やかな表情のまま写真を撮らせてくれました。

「は〜い、それじゃあ、お服を全部着てもう一度最後に皆で写真を撮ろう！」カシャッ

性器の侵害行為についての鑑定は、翌日に現像された写真を見ながら行います。リカちゃんの処女膜は明らかに侵害行為があったことを示していました。通常、侵害行為を受けていない処女膜は厚い唇のような形状を示します。処女膜の間に開いている膣口の大きさは満一歳で平均一ミリです。そして年齢が一年増える毎に平均して一ミリずつ大きくなり、少女が思春期になる頃に直径が一〜一・二センチ程度になって丁度その少女の人差し指が抵抗なく膣の中に入れることができるようになるのが正常の処女膜の発育です。ですから満五歳のリカちゃんならば膣口の大きさは通常ならば五ミリ程度でどんなに大きくても一センチを超えることはありません。ところが、リカちゃんの処女膜は薄っぺらに摩滅した形状を示しており、膣口の大きさは直径三センチにも拡がっていました。リカちゃん

の性器に対して何らかの継続的な挿入行為があったことは明らかでした。幸いにして膣液や血液検査では性病の感染は確認されませんでした。後日、私は絵画描画試験、情景判断試験、そして性器の理学的検査および細菌学的検査の結果をまとめて児童相談所に報告書を提出するとともに、律子さんにすべての結果を説明しました。

「性病の感染こそありませんでしたが、その他の検査はすべてリカちゃんに性的虐待があったことを示しています。これからどうされますか？」

「ありがとうございました。こうなった原因のかなりの部分は私に責任があります。私が相手をしなかったはけ口がリカにいってしまってリカには本当にかわいそうなことをしました。正式に離婚手続きをとってリカは私が育てます。でも、娘にあんなことをしたあの男は許せませんから、私がリカに代わって警察に告訴するつもりです」

「そうですか」

「リカはこれからどうなっていくのでしょう。何か大きなトラウマが残ったりするのでしょうか」

「はっきりしたことは言えませんが、お母さんは五歳頃のことをしっかりと覚えていますか？」

「いいえ、あまり…」

「ほとんどの人がそうなんです。とても強烈な印象があるものは別として、日常何となくいやに感じている程度のものであればあまり記憶に残りません。とくにリカちゃんの場合は、絵のテストから判断すると嫌な思いに対する防御からか精神発達年齢が三歳程度で止まっており、精神的にはまだその程度にしか大きくなっていないとみることもできるんです。三歳以前のことなんてお母さんも覚えていないでしょう？　今後お母さんや周りの人がリカちゃんに楽しい思いをいっぱいさせてあげれば、あっという間にリカちゃんの精神発達年齢も年齢相応になり、嫌な思い出はリカちゃんの記憶から消えていくと思いますよ。とにかく楽しい思い出をいっぱい作ってあげて下さい」

「本当ですか？　よかった、一生懸命頑張ります」

二年後、私がある講演会で話をした後に、律子さんがリカちゃんを連れて私のところに現れました。リカちゃんは小学校一年生になっていました。私が驚いたのは以前診察した時にはどことなくボーッとした表情であまり元気がないように見えたのが、見違えるぐらいにしっかりとした明るい表情に変わっていることでした。

「市の広報誌に先生の講演会の案内が出ていたので、お会いできるかもしれないと思って外でお待ちしてたんです。リカちゃんお世話になった先生よ、覚えてる？」

「……？」

リカちゃんは私のことをまったく覚えていませんでした。

「これ、最近リカが描いた絵なんですけど見ていただけませんか」

「どれどれ、おお、上手に描けてるねえ。服の模様もしっかりと描いてるし何よりも画用紙をいっぱい使って、色もいっぱい使って描いてるのがとても上手だよ」

リカちゃんは嬉しそうな顔をしてくれました。

「何か悪い夢にうなされているようなことはありませんか？」

「もう、それがいつも朝までぐっすりと眠って鼻をつまんでもわからないぐらいです」

「なるほど、もう大丈夫みたいですね」

「本当ですか？」

「これから先は、お母さんもあまり思い出したりせずに普通に育ててあげて下さいね。普通に、ですよ」

「はい、普通に、ですね」

「そう、普通が一番大切なんです」

「ありがとうございました。もう、先生にもお会いしません。でも先生、これからもいっぱい頑張って、たくさんの子どもたちを助けてあげて下さいね」

JCLS 88002-168

コラム・異常心理と正常心理

児童虐待にはさまざまなタイプがありますが、通常は身体的虐待、ネグレクト、性的虐待、精神的虐待……というように虐待行為の方法によって分類が行われています。このような分類は児童虐待を概念的に捉える上においてはたしかに便利なのですが、虐待問題の解決や予防という観点からはあまり役に立ちません。では、実質的に役立つ分類とはどのようなものなのでしょうか。私は加害者が虐待行為を行ってしまう原因によって大きく二つに分けるのが有効なのではないかと思っています。一つは加害者の正常心理に基づく虐待行為、もう一つは加害者の異常心理に基づく虐待行為です。もちろん、虐待行為を行っている時はすべての加害者は何らかの心理異常に陥っているわけですが、私がここで言っているのは原因の根本が正常心理から発生しているか、異常心理から発生しているかということです。正常心理に基づく虐待行為は、言い換えれば子育てに奮闘している保護者の悲鳴が虐待行為に置き換えられたもの、一方の異常心理に基づく虐待行為は異常性欲や噓虚《うそつき》傾向等、加害者の自己欲求を満たすためだけの異常行為で、犯罪性が強いものということができるでしょう。大雑把に言えば正常心理に基づく虐待行為には育児疲れによる身体的虐待やネグレクトが、異常心理に基づく虐待行為には性的虐待や代理によるミュンヒハウゼン氏症候群などが当てはまり、嬰児殺、コインロッカーベビー、子殺し、親子心中、Shaken Baby Syndromeなどは中間的な位置付けになるものと思われます。もちろん、身体的虐待やネグレクトにも異常心理に基づく悪質なものもあります。さて、正常心理に基づく虐待に対しては適切な育児支援を行い経済面も含めた育児環境を安定化させることが虐待の予防に繫がり、同時に加害者に対する法的対応もあまり峻烈なものはなじみません。行政機関が積極的にかかわるべきタイプの虐待であるということもできます。一方の異常心理に基づく虐待については育児支援や育児環境の安定化は何の役にも立ちません。そもそもが自己の欲求充足や自己保身のための異常行動なのであり、加害者に対しては何らかの精神的治療や心理カウンセリング、あるいは一般人からの隔離を考えざるを得ませんし、犯罪性の高さを考えると、行為の悪質さに応じた厳正なる法的対応を行うべきでしょう。しかし、犯罪予防の観点からは厳しい対応だけでなく素因を持っている人たちが犯罪を犯してしまわないような援助を行うことも重要です。欧米では性的犯罪加害者に対して民間のボランティア団体が精神的なサポート等を行ったりして一定の成果も挙げているようですし、財政面、管理面から医療的なケアの公的援助も考慮するべきでしょう。嬰児殺、コインロッカーベビー、子殺し、親子心中、Shaken Baby Syndrome 等の中間的位置付けに属するタイプについては育児支援や育児環境の安定化とともに未熟な親に対して保護者としての自覚を促し、育児や性についての正確な知識と人の生命の大切さ、幼い命を慈しむべき心を育てる教育を徹底することが予防に結びつきはするでしょうが、一旦犯した重大な加害行為に対しては厳正な法的対応がなされなければ、被害児の擁護されるべき人権とつり合わない一面があると考えられます。加害者の心理学的分析がもっとも重要なのも中間的位置づけに属するタイプの虐待行為です。

JCLS 88002-168

ミニチュアダックスフント

爽快な心地よさが消え、シーツに染み込んだ汗の冷たさが少し不快に感じ始めると、先ほどまでのはじけるようなエクスタシーも脳髄を駆け巡る七色の光のシャワーも、すべてが消え去り、閉め切ったカーテンの隙間からは気だるい色の西日が射しこんでいました。


「たったこれだけのことなのね、何だかバカみたい」

「なんだよ」

「べ・つ・に、あっ、ハヤトが泣いてる。ミルクあげなきゃ…もう帰ってよ」

「何だよ急に、ちぇっ、うるせえガキだなあ。また来るわ」


これで何人目だろう…四十人？　六十人？　私の肉体（からだ）の上を通り過ぎて行った男（ヤツ）たち…どの男も同じことばかり。私の肉体（からだ）だけが目的…やることもすべて同じ…私の中に侵入して、好き勝手にするだけ…私は何も楽しくないのに…聞くこともいつも同じ…よかったか？　だって？……バカみたい…いつもむなしいだけよ…男のオモチャにされて…誰かアイツのことを忘れさせてくれるかと思って私は相手をしているだけなのよ…男なんかこの世の中からいなくなればいいのに…でも、なんでこの子にも忌わしいあれがついているの？……何でなの？　私のかわいいハヤトなのに…あぁ、これ取らなきゃ！……取らなきゃいけないのよ…これがあるから男は悪いことをするのよ！この子を悪い人間になんかさせられないわ！…これ、取っちゃわなきゃ…取っちゃわなきゃ…取っちゃわなきゃ…あ・あ・ああ～

記憶がおぼろげで定かではありません。呆然とカーペットの上に座り込んでいました。ふっと我に返ると、右手には血だらけのカッターナイフが握りしめられていたのです。左手を見ると…

「何だろう？　これ…」

クニュクニュで血だらけの小さな塊…。

ミニチュアダックスフントのリリーも不思議そうに臭いを嗅ぎながら手についた血をペロペロとなめています。

「リリー、食べる？」

「あっ、食べちゃった…」

差し出すと一口でその塊を食べてしまったのです。

「あれっ？　ハヤト、どうしたの？」

「えっ、何故こんなに血だらけなの？　えっ？　どうしたの？　大変！　何があったの？」

…どうしよう、どうしよう？　ああ、お母ちゃんに電話しなきゃ…

「もしもし、ハヤトが怪我して血だらけなんよ。どないしょう？」

「どないしようって？　あんた何したんよ？」

「わからへん」

「わからへん…って？　ちょっと…すぐ行くわ」

「あっ、ハヤト…いったい何したんよ？　キンタマあれへんやんか……！　どこにやったのよ？」

「リリーが食べた…」

「えっ？　リリーが…食・べ・た…？　どうやってリリーが食べるんよ！　それもキンタマだけ？　アホ！　あんたの手、血だらけやんか！　何したのよ！」

「……お母ちゃんが悪いんやんか」

「？？？　何言うてんの」

「お母ちゃんが悪いんよ！　そうや！　お母ちゃんが悪いんや！　お母ちゃんがあんな男連れてくるから…」

「それとこれと何の関係があるのよ？」

「……アイツ……ずっと私のこと犯してた…」

「！」

「犯してた？　何よそれ、あんた私に隠れてお父ちゃんとそんなことしてたん？」

「私がしたんと違う！　私は無理やりされたの！」

「うそつけ！　あんたが誘たんやろ！　お父ちゃんがあんたにそんなことするわけないわ！　娘のくせに汚らわしい…ああ、それよりハヤトや、早よ病院連れていかな…救急車や救急車！　ボサッとせんと救急車呼び！」

異様な雰囲気の現場に救急車はすぐに着き、赤ちゃんを見た救急隊員が尋ねました。

「これ、いったいどうしたんですか？」

祖母は即座に答えました。

「犬がこの子のあそこを食べちゃったのよ〜」

「え？」

「血だらけでしょ。早く病院に連れて行ってよ〜」

「犬ってどんな犬ですか？」

「ミニチュアダックスフント」

「ミニチュアダックスフント〜？？　オムツはしてなかったの？」

「オムツの上から食べたんと違う？」

「え〜っ？」

「それより早く助けてよ、何してるのよ！」

「はあ……オムツの上からキンタマだけ…食べたねえ…？？？」


搬送先の病院で赤ちゃんを見た医師も素っ頓狂な声を挙げました。

「何だコリャ？　どうなってるの？」

「犬に食べられちゃったんです」

また祖母が即座に答えました。

「え〜っ？　い〜ぬ〜に食べられたァ〜？　どこの？」

「うちの犬」

「飼い犬？　どんな犬なの？」

「ミニチュアダックスフント！」

「ここだけ食べたの？　何してたの？」

「もう、ようわからへん。そんなことより早く助けてよ！」

「はぁ…まあ、とにかく傷の処置はしますけど…えらい出血やなあ、ちょっと検査室に連絡してヘマトクリット調べてくれる？」

傷は不思議な形をしていました。陰部だけがずるりと剝けたようなひどい傷でペニスらしきものは認められるのですが、睾丸が見当たりません。通常の外科的創傷処理では十分に修復しきれないと判断した救急医は、基本的な救急処置を行いながら形成外科部長に緊急連絡をとって修復手術を依頼しました。真夜中であるにもかかわらず、すぐに駆けつけた形成外科医は、傷を注意深く観察しながら手術計画を立て始めたのですが、傷を観察しながら奇妙なことに気付きました。

「これ、確か犬が咬んだ傷って言ったよね？」

「家の人はそう言ってますけど…」

若い看護師が答えました。

JCLS 88002-168

JCLS 88002-168

「ちょっと変じゃない？」

「私にはよくわかりませんけど…」

「確かに咬み傷にしては歯の痕がありませんね」

　助手の医師が答えました。

「そう、犬が咬めばもっとしっかりと歯の痕がわかるんだよ。とくに犬は犬歯がとても長いから少なくとも一ヵ所には孔を開けたような丸くて深い傷ができるか、あるいはそこから引き裂かれたような傷ができるはずだけど、この傷にはその犬歯の痕に相当するものがないんだよね。それに犬が咬みつく時に一口だけということもないしね」

「それと、何か周囲にためらい傷のような浅い傷が数条ありますね」

「うん、これ刃物の傷みたいだな」

「どう見ても犬の咬み傷じゃないですね……ということは…」

「大変だよ！　これは事件だ！」

「え？　事件なんですか？　どうするんですか？」

　看護師が不安そうに聞きました。

「まあ、子どもはここにいるわけだし、入院は絶対に必要だから、入院させた上でまずは法医学のコウノ先生に連絡して傷を診てもらおう。それからどうするか決めても遅くはない。皆はあまり軽々しく行動しないように。それから、保護者にはこのことは絶対に内緒にして、子どもを病院から連れ出さないようにしっかりと見張っておいて下さい」

「はい、わかりました」

「それにしても、こんな赤ちゃんにこんなことをするなんて、いったいどういうつもりなんだろう?」


虐待の被害が疑われる子どもを診察した時に医師には児童相談所などの公的機関に「虐待の疑い」の通告を行うことが法律で定められています。しかし、実際には目の前にある子どもの傷が不自然であることはわかっても、それが虐待行為によるものであることを見極めるのはとても困難な作業なのです。なぜなら、優秀な臨床医に求められるもっとも大切な能力は、適切な治療を施すことなのであり、けっして原因を見極めることではないからです。臨床現場の医師にとってこのことはとても大きなジレンマになっており、虐待と決め付ける根拠が見つからないまま通告のタイミングを逃してしまうことも少なくありません。このような状況を何度か経験した臨床医の中には、疑問を抱いた比較的早い段階で、通告の前に法医学者に相談を持ちかける医師も現れ始めています。この時の形成外科部長もそのような医師の一人でした。

「いやぁ先生、また一人、診て貰えませんか？　ちょっと今度のは大変なんです」

「大変？　先生のはいつも大変ですよね（笑）、それでどういうことですか？」

「赤ちゃんの睾丸がなくなっちゃったんですよ」

「え〜っ？　無くなったって…そんな…誰かが食べるわけじゃあるまいし」

「いや、保護者は犬が食べたって言うんですよ」

「い〜ぬ〜が、た〜べ〜たァ？」

「ええ」

「そんなあほな。いったいどうやって？　どんな犬なんですか？　ブルドッグですか？」

「ミニチュアダックスフント！」

「？？？　…まあ、とりあえず見に行きましょう」

「宜しくお願いします」

私は時間を打ち合わせてハヤト君が入院している病院に向かいました。咬み傷そのものは形成外科的に修復されているので来院時と手術の時に撮影された写真を見てディスカッションを行うことにしました。

まず、救急担当医に尋ねてみました。

「来院時の状態はどんな感じだったのですか？」

「出血がかなりあってプレショックのようになっていました。顔面は蒼白でぐったりしていたのですぐに輸液を開始しました。」

「保護者の様子は？」

「それが案外平気な顔をしているんです。普通こんな怪我を負ったら親は半狂乱になるんですけどねえ」

看護師長が答えました。

「なんか家族も変なんですよ。処置をしていたら処置室にいきなり変なおじさんが入ってきて、赤ちゃんを見るなり『なんや、ハヤトのキンタマ無くなってしもたんか〜』と大声で言ったかと思うとそのまま処置室から出て行っちゃったんですよ。あれ、いったい何だったんですかねえ」

「？？？　入ってきてすぐに出て行ったの？」

「ええ」

「赤ちゃんの様子を心配するわけでもなく？」

「そうなんです。何か一方的にわめいて出て行ったみたいな感じで…あっ、でも変なことも言ってましたよ」

「変なこと？」

「俺があんなことしたからこんなことしよったんか、って」

「どういうことですか？」

「わかりません。何しろバタバタって入ってきてバタバタって出て行きましたから」

「バタバタ、バタバタですか？　う～ん、でも何か意味がありそうですね。ほかに気付いたことはありませんでしたか」

「そのあと外でその人と女の人が何か言い争いをしていたみたいでしたがよくわかりませんでした。でも、女の人が何か問い詰めるような感じでしたけど」

「う～ん、何でしょうね。では手術を担当された先生から傷の説明をお願いします」

「はい、基本的にはずるむけの状態っていう感じでした。両側の睾丸は引きちぎられて内陰部動脈から拍動性の出血が見られたのですぐに止血しましたが、ヘモグロビンがかなり減少していたので輸血の手配を行いました。精管は途中で引きちぎられていましたのでそこで結紮し、順番に周囲の細かな止血をしながら傷の観察を行っていたのですがその時に奇妙なことに気付いたのです」

「それは？」

「犬らしさがないんです」

「は？」

「形成外科医はさまざまな傷の修復を専門としているので、手術の前にじっくりと傷の観察をするんです。傷は原因によって形状や深さが変わるので、我々は傷を見ればある程度何でできた傷なのかがわかるんです。それらの中には犬や猫などの動物に咬まれた傷が結構あるんですが、一言で言ってこういう傷ではないんですね」

「たしかに、私も外科の外来診療をしているので犬の咬み傷はよく見てますが、こんな傷はありませんね。通常は孔のような傷がいくつか並んでいたり一部が裂けていたりしますよね。周りに何度か噛み付いた痕が無いのも不自然だなあ」

「そうなんです。それにここの部分ですが、なにか数条の線状の浅い傷があったんですよ」

「あっ、これはリストカットの時にみられるためらい傷に似てますね」

「先生もそう思われますか。私たちも同じ意見です」

「刃物を使っていますね」

「やはりそうですか」

「こうやってペニスを握ってひっぱりながら周囲から何か刃物で切り落とそうとしたのが、ペニスが落ちる前にずるっと皮が剝けてとれてしまった感じですね。」

「はい、睾丸側から先に落としてますね」

「これは大変だ、すぐに一時保護をして捜査機関に捜査をしてもらう必要がありますね。犬じゃありませんよ。でも、一体誰がこんなことをするんでしょうね？」

「家には犬と母親しかいなかったって聞いてますけど」

「じゃあ、母親ですか？」

「……ですね」

「何のために？」

「さあ？　まさか犬の餌にしようと思ったわけではないでしょうしね」

「ここから先は捜査機関に任さなければ仕方ありませんね。わからないことが多すぎますよ」


経験豊富な警察の捜査官も初めて見るような事件に目を白黒させていました。

「先生、これ、どうなってるんですか？」

「見ての通り！　斯く斯く然々」

「どうやったらこんな傷ができるんですか？」

「さあ、刃物だと思うけどね。ほら、ためらい傷みたいなのがあるでしょう？」

「はあ…親は何て言ってるんですか？」

「犬が食べたって」

「い〜ぬ〜が、た〜べ〜たぁ？　ドーベルマンかなんかですか？」

「ミニチュアダックスフント」

「はあっ？　ミニチュアダックスフント？　ミニチュアダックスフントって赤ちゃんのキンタマが好物なんですか？」

「そんなこと知るか！　でもそんな話聞いたこと無いよ」

「どうやって食べるんですか？」

「だから、ミニチュアダックスフントじゃないって！」

「…でしょうね。じゃあ誰がやったんですか？」

「あのなぁ、それ調べるのがあんたらの仕事やろ！　こっちは素人やで！」

「え〜っ、もう嫌な事件やなぁ」

「それが貴方の仕事なの！　頑張ってね！」

「頑張ってね、って…先生も助けて下さいよ〜」

「俺は医者やから医学的なことしかわからん」

「もう…冷たいんだから」

「じゃあね〜、よろしく〜！」

やがてさまざまなことが捜査から判明してきました。事件当時家の中に一人だけいた母親（リエさん）が有力な被疑者になったのですが家の中には何も残っていませんでした。凶器も血のついたオムツも無くなった睾丸も…。直接的な証拠は何も無いまま周辺の捜査が続けられました。その中で意外な事実がわかってきたのです。リエさんはとても美しくて聡明な女性でした。成績もよく大学は国立大学の医学部に入学していました。しかし、なぜか途中で急に大学を退学してしまっていました。当時のクラスメートの話では「オトコに裏切られた」と言っていたそうです。生い立ちも複雑でした。両親は幼い頃に離婚しており最初は施設に預けられていました。その施設で職員から最初の性的虐待を受けていたのです。小学校三年生の頃でした。まるで調教するように二人だけの時に職員の性器を口にくわえさせられていました。何故そんなことをさせられるのか全然理解できなかったそうですが、はっきりと「イヤ」だったことだけは覚えていました。当時の担任の話によると学校の成績はほとんど最低レベルにまで落ち込み、絵を描かせてもまるで幼稚園児のような絵しか描けなかったと言います。無口で何を尋ねても口ごもるような言葉でしか話すことができなかったようです。小学校五年生の頃、母親に新しい夫ができてしばらくするとリエさんを施設から引き取って同居するようになりました。ようやく悪魔のような職員から逃避することができました。新しい義父は最初はとてもやさしいおじさんだったと言います。その人のおかげで家は少し裕福になり、塾にも行かせてもらえるようになり、学校の成績もグングンと伸びて行きました。リエさんもどんどんと義父になついていきました。でも、リエさんが高校生になった頃から義父は変っていったのです。リエさんは拒むことができませんでした。抵抗しないことを知った義父はそれから毎日のようにリエさんを犯すようになっていったのです。関係を持つのはいつも母親がパートの仕事に出かけている時でした。夜はいつも家族揃って知らぬ顔で食事をしていましたが、リエさんは再び無口になっていったと言います。誰にもいえぬ怒りのエネルギーを勉強に向けました。家から離れたい一心で地方の国立大学の医学部に入学したのですが、義父は何かと理由をつけてはリエさんの下宿にやってきて関係を迫りました。折角大学に入ったのに、ほとんど学業に打ち込めなくなってしまいました。義父が来ないときは義父を忘れるために同級生や先輩等と片っ端から関係を持ったと言います。そして妊娠しては堕胎を繰り返しました。試験はほとんど落第して、留年が確実となり退学しました。行くあてもなく結局生れ育った町に帰ってきましたが、家には帰りませんでした。生活費を稼ぐためにアルバイトで働き、そこで知り合った男性と次々と関係を持ち、その内の一人と同棲することになりました。気がつけばまた妊娠していました。でも、今度は産もうと思ったのです。同棲相手に妊娠したことを告げ、正式に籍を入れてくれるように頼みました。ところが相手はその話を聞いた次の日から行方不明になってしまったのです。リエさんはたった一人で出産し、その赤ちゃんがハヤト君でした。ハヤト君を産んでしばらくすると、以前に関係を持った男が何人かまた関係を迫りに来るようになり、拒めないまま何人もの男との関係を持ち続けていたのです。そしてこの事件が発生しました。

「先生、いくら問い詰めても覚えてないって言うんですよ。そんなことってあるんですかねえ？」

「う～ん、よくわからないけど精神科の領域ではそういうこともあるらしいよ」

「じゃあ、本人は本当に何をやったかわかってないんでしょうかねえ？　そうなると困るんだよなあ」

「それは一度精神科の先生に相談してみるべきじゃないかなあ。僕の専門領域じゃないから何とも言えないよ」

「もう、変な事件押し付けといてこれだもんなあ」

「何言ってるの？　調べるのが警察の仕事でしょ！　頑張ってよ」

「やれやれ」

リエさんは逮捕・起訴され、裁判が始まりましたが、真相は結局闇のままでした。ただ、リエさんは裁判の中でそれまでに受けた性的虐待の事実をとても詳しく話しました。小学校三年生のときに施設で職員から最初の性的虐待を受けて以来、十年以上にもわたって保護者となるべき人から被害を受け続けていたことを。そして、そのことに対する自己嫌悪と男に対する敵意ははっきりとしていました。一方でリエさんがハヤト君に限り無い愛情を抱いて普段からとてもかわいがって育てていたこともわかっています。一つだけ異様だったのはハヤト君の着ている服がすべて女の子用の服だったことでしょうか。知らない人はみんな女の子だと思っていたと言います。ハヤト君には男の子ではなく女の子でいてほしかったのでしょうか。裁判は有罪になり、リエさんは実刑判決を受けました。リエさんの弁護を精力的に進めた弁護団はリエさんに控訴することを進めたのですが、リエさんは一切の弁解をすることも無く、控訴もしないまま刑務所に服役することになりました。

ある日、ハヤト君が保護されている施設の職員が私のところを訪ねて来ました。

「先生、ハヤトくんをお母さんの下に戻してあげるべきじゃないでしょうかねえ?」

「えっ、どういうことですか?」

「ハヤト君の表情が暗いんですよ。リエさん、とても上手に育てていたようですよ。ハヤト君が男の子でなくなった以上、もうリエさんには危害を加える理由は無いんじゃないですかねえ」
「でも、まだ服役も終わってないんですよ。今のところはハヤト君の将来に大きな負担を負わせてしまった最有力被疑者がリエさんなわけだし、彼女が服役している間は難しいでしょうね。睾丸を無くしてしまったハヤト君を男の子として育てるのか、女の子として育てるのかも決まっていないし、いつかはハヤト君も自分の置かれている立場の難しさに気付く時がくるでしょう？　自分が男でも女でもないことを知った時にどうしてあげられるのか…今はみんなで力を併せてハヤト君を見守りながら育てるしか仕方がないのではないでしょうか。リエさんとおじいちゃんおばあちゃんの関係も複雑でしょう？　戻すには時期尚早だと私は思います」

虐待問題の現場では、常に親子の分離と再統合が問題になります。親と子を分離させることにも大きな決断が求められますが、分離した親子を再統合することはそれ以上の困難を伴うことが多いのです。きわめて慎重な準備を行ってタイミングを見計らうのですが、子どもが親元に帰ったときに強力なサポート体制が構築されていることが不可欠の条件になります。感情的な問題だけで安易な対応を行うことは子どもの生命を奪うことにもなりかねないのです。

さて、この事件ではミニチュアダックスフントが傷害犯に仕立てられようとしたわけですが、実はこのようなスケープゴートは多くの虐待事件で加害者が申し立てる言い訳に共通している構造なのです。乳幼児や障害者等の自分では論理的に状況を説明することができない人がスケープゴートになることが多いようですが、動物が加害者に仕立てられることもよくあります。ある老人保健施設では「ネコ」が認知症の入所者の指を喰いちぎった犯人に仕立てられました。ある保育園では赤ちゃんが自分で指を喰いちぎったと申し立てました。いずれも申し立てたのは事件当時の保護責任者である職員です。そして、それらの職員以外は誰もその現場を知りません。

何ともやりきれない事件でしたが、次々と新しい事件が発生する中でこの事件のこともほとんど忘れかけていたある日、いつものように電話がなりました。知り合いの美しい小児科医でした。

「先生、大変なのよ、ちょっと来てほしいんだけれど」

「どうしたの？」

「赤ちゃんの睾丸が無くなってるのよ」

JCLS 88002-168

「……」

「ねえ、聞いてるの？」

「う・うん、何で無くなったの？」

「それが……親は犬に食べられたって言うんだけど…」

「……どんな犬？」

「ミニチュアダックスフント！」

「う……そ…」

JCLS 88002-168

罪の重さ……「許せない」

やわらかな春の陽差しが、かえって物悲しい季節の移ろいを感じさせたその日も、いつもと同じように事件の現場に順番に出向いて検死業務をこなしていました。監察医には事件が発生すると検案要請書がＦＡＸで送られてきます。そこには事件と変死人の簡単な情報が記載されているので、検案に向かう車の中でそのＦＡＸの束に目を通しながら、検案の段取りを考えたり死亡原因についてあれこれ考えるのです。それは自殺がとても多い日でした。

「この人も首吊りかぁ、今日も自殺が多いなぁ……」

私は、検案車の運転手さんに話しかけるでもなくつぶやきました。

「先生、ほんま最近首吊りだらけですわ。昨日も四件ぐらいありましたよ。あっちにぶら〜ん、こっちにぶら〜ん、今もあっちこっちに人がぶら下がってるのか、なんて考えてみたら気色悪いでんな」

「ほんまやなぁ。考えてみたら今も市内のあちこちに最低十体ぐらいはぶら下がっててもおかしくない計算になるもんなあ。まだ見つかってないだけで…もう、いい加減にしてほしいなぁ」

「自殺するのって怖くないんですかねえ？」

「そりゃ怖いでしょう？　でも、それよりも生きていることの方が辛いってことなんやろなぁ」

「夢も希望もないってことですか？」

「……夢ねえ、みんな未来のことよりも今の自分のことしか考えなくなってきたからなあ、本当は社会や世界のことにもっと目を向けて自分自身の役割を考えることができるような環境を整えなければならないんだろうけど、政府も議員も俗物だらけやしなぁ」

「ほんま、連中って悪いことの最先端突っ走ってますもんね！　ハハハ、さあ、先生もう着きますよ、頑張って下さい」

　現場には刑事さんたちが先に来ていました。

「ご苦労さんです」

「はいはい、また首吊りですか？」

「ええ、今日も多いんですか？　でも、これはかなりわけありで…」

「わけあり？」

「はい……」

トモエさんが結婚したのは十年前のことでした。当時はまだ二十歳を過ぎたばかりだったのですが、いわゆるできちゃった結婚でトモエさん自身にも相手の男性にも強い意志があって結婚したわけではありません。ただ、二人に正確な避妊の知識もなく、気がついたら赤ちゃんができてしまっていて、慌てて籍を入れたのが真相です。夫婦になった二人の生活は当初、夫のアルバイトで何とかしのいでいたのですが、ある日ちゃぶ台の上に離婚届を置いたままその夫は失踪してしまい、トモエさんは一人で出産しなければなりませんでした。赤ちゃんは男の子でしたが、少し小さい未熟児として生まれました。トモエさんはその子に「希望」という字をあてて「ノゾム」と名付けました。一人ぼっちのトモエさんは途方にくれてしまいましたが、助産師さんのアドバイスで何とか生活保護を受ける手続きをとり、最低限の金銭は確保できていました。しかし、育児に関しては誰も手伝ってくれなかったのです。世間体ばかり気にする親からはとっくの昔に勘当されていました。年子の弟が一人いるだけのトモエさんは赤ちゃんなど見たこともなく、育児はまったく新しいことの連続でした。ノゾム君が何を言っているのかもわからず、果てしなく繰り返される泣き声で、ノイローゼになってしまったのです。夜も眠れず昼間も朦朧とした状態でノゾム君をかまうこともできなくなっているところを、ある日、生活保護の状態を調べに来た福祉の担当者に発見され、神経内科の病院に連れて行ってもらいました。神経衰弱と診断されて精神安定剤が処方されました。最初のうちはその薬を飲めば少し気持ちも落ち着き日常生活も普通に戻りつつあったのですが、今度はノゾム君が大きくなるに連れて行動範囲が拡がり、手当たり次第に部屋をちらかすようになったり、最初の反抗期が訪れてやんちゃをするようになると、トモエさんのストレスは再び増加する一方となりました。次第に薬を増やさなければ効かなくなり、やがて今度は薬で意識が朦朧とする状態になってしまったのです。いつしか、ノゾム君は三歳になっていました。

ある日、〈楽になりたい、少し眠りたい〉そう思ったトモエさんは処方されていた薬をいつもより少し多く服用してみました。なんだか体がふわっとして少し楽になったような気がしたのですが、その時、ノゾム君がトモエさんの横でドン！　ドン！　とふざけて飛び跳ねはじめたのです。寝不足の続いていた頭がガンガンし、頭の中が爆発しそうな恐怖に襲われました。そして……

「うるさい！」

そう叫んだトモエさんはすぐ横にあった洗濯ロープを持って無我夢中でノゾム君の背後から巻きつけ、思いっきり引き上げてしまったのです。一瞬のうちに静寂が訪れ、そのまま倒れこむようにトモエさんは気を失って眠ってしまいました。どれほど時間が経っていたのでしょうか、気がつくとノゾム君は首に洗濯ロープを巻きつけたまま傍に倒れていました。救急車を呼んだようですが、救急隊が駆けつけたとき、ノゾム君はすでに息絶えていました。救急隊からの通報で警察が駆けつけ、トモエさんは逮捕されました。殺人容疑でした。でも、本当はこの時にどのようにしたのか、トモエさんは何も覚えていなかったのです。

捜査と取調べが行われて起訴され、刑事裁判になり、トモエさんは懲役四年の実刑判決を受けました。でも、刑が確定して刑務所に収監され、満期出所するまでのことをトモエさんはまったく覚えていませんでした。出所後のこともあまり記憶がないのですが、いつの間にか中学時代の同級生と同棲を始めており、二人目の赤ちゃんが生まれました。また男の子で、ユウキ（勇気）君と名付けられました。トモエさんの意識と記憶はこのあたりから徐々に明らかになってきており、ユウキ君が一歳の誕生日を迎える頃、相手の男の人からトモエさんは裁判を受けて刑に服していたことを聞かされたのです。まだ籍は入れていなかったのですが、過去を清算してしっかりとした家庭を築こう、とその人は言ってくれました。でもトモエさんにはその時、彼が何を言っているのかまだ全然わからなかったそうです。少し落ち着きはじめていたトモエさんは自分自身のことを知りたいと思いました。新しい生活を支えてくれているその彼に付き添われて、裁判の時の弁護士を訪ねました。弁護士の話では逮捕された後の接見でも何も弁解をせず何も言わなかったので警察と検察が主張したとおりの筋書きで裁判は進行し、有罪が確定し、控訴もしなかったということでした。弁護士は国選弁護人でしたが、不可解な気持ちで捜査や裁判の成り行きを見守っていたそうです。弁護士は判決書を保管していました。トモエさんにとって初めて見る自分の判決書でした。それをコピーしてもらい、家に帰ってゆっくりと読むことにしました。

どのように調べたのかわかりませんが、そこには犯行の様子が事細かに書かれており、核心部分には洗濯ロープをノゾム君の背後から巻きつけて力いっぱい締め上げて殺したことが書かれていました。そして判決書には「身勝手で残酷な犯行」と結論付けられていたのです。判決書を読むトモエさんの体は異様に震えていました。新しい彼は判決書を読むのを止めさせようとしましたが、トモエさんはその制止を振り払うようにして最後まで判決書を読みました。そして、そのまま放心したように宙を見つめていたそうです。

どれほどの時間が経ったでしょうか。長い沈黙の末にトモエさんはポツリとつぶやきました。

「許せない」

それは、トモエさんが自分自身に向けた言葉でした。

その日以降、トモエさんはふさぎ込むことが多くなっていきました。新しく授かったユウキ君が傍で泣いていても、オムツが汚れていても、何もせずに部屋の中でじっと一点を見つめていることが多くなったそうです。入籍も拒み、やがて一人にして欲しいと言うようになりました。新しく夫になる予定だった彼は心配してトモエさんを精神病院に入院させ、ユウキ君は彼の実家で育てることになりました。半年程度が経過した頃、精神科医に病状が軽快したと判断されてトモエさんは退院したのですが、人に頼らずに自立した生活習慣を身につけたい、との理由から一人で生活をすることになったのです。週に二日ほどは彼が連絡をとっていました。退院して一ヵ月ほど経った頃、いつものように彼がトモエさんに電話しました。

「あさってユウキの一歳の誕生日なんだけど、お祝いしてやらない？」

「えっ？」

「ユウキの誕生日のお祝いだよ」

「えっ、ああそうね」

「外で一緒に食事でもどう？　ファミレスだったら大丈夫かなあ」

「う、うん」

「じゃあ、夕方の五時にA駅の改札口で待ち合わせしよう」

「わかったわ…五時ね…」

　これが最後の会話でした。


　当日の夕方五時に、彼はA駅の改札口に満一歳になったばかりのユウキ君を抱いて現れましたが、そこにトモエさんは現れませんでした。三十分程待った時、トモエさんの携帯電話に連絡を入れてみましたが、電源は入っていませんでした。アパートの電話もむなしく呼び出し音が鳴るだけでした。不吉な予感を覚えた彼は、一旦、ユウキ君を実家に連れて帰り、トモエさんのアパートに向かいました。夕闇が迫る中、アパートの外からトモエさんの部屋を見ても窓に電気は点いておらず、階段を上がりドアの前に立っても、物音一つしませんでした。ドアのノブに手をかけると、まるでその時を待っていたかのようにドアがすっと開き、部屋の中の淀んだ空気が一瞬スッとドアから吹き抜け、あとには静寂だけが残りました。電灯のスイッチを入れましたが中に人の気配はなく、きっちりと整理された部屋には塵《ちり》一つ落ちていませんでしたが、くずかごの中にはたくさんの薬の袋が空っぽになって捨てられてありました。そして、キッチンのテーブルの上には几帳面な文字で書かれた手紙が置いてあったのです。

あなた、ユウキ、ごめんなさい。私は自分を許すことができない。我が子を殺したのにたった懲役四年なんて！　私は自分に死刑の判決を下しました。ノゾムを殺したのと同じ方法で私はノゾムのところに謝りに行きます。でも、ノゾムの顔を思い出すこともできないの。それまでどうやって生きてきたのか思い出すこともできないの。天国に逝ったノゾムのところには行けずに私は地獄に行くのでしょうね。きっと神様が私に下した罰なのでしょう。あなた、私のことは忘れてユウキの誕生日をお祝いしてあげて下さい。私にはそんな幸せを受け取る資格がないのです。これまで優しくしてくれて本当にありがとう。本当に感謝しています。さようなら。あなたとユウキはきっと幸せになってね。

震える手で手紙を読み終えた彼がふとベランダの方を見ると、誰かがそこに立っているようでした。慌てて駆け寄ってサッシのドアを開けるとトモエさんがベランダの洗濯機の方を向いてうなだれ、かがむように立っていました。体にはまだぬくもりが残っていました。でも、その首には六年前にノゾム君を殺した時とまったく同じ洗濯ロープが巻きつけられていたのです。これがトモエさんの受け止めた罪の重さでした。

検死を行いながらさまざまな想いが頭を駆け巡り、私は何度も大きなため息をついてしまいました。この事件の本当の責任はいったいどこにあったのでしょうか？　殺されたノゾム君はもちろん最大の犠牲者です。母の顔や温もりも知らぬまま残されたユウキ君も同じく犠牲者です。彼女を一生懸命に支えようとしてくれた中学時代の同級生の男の人もやりきれない気持ちでしょう。トモエさん自身に一定の責任があったことも否めない事実です。そして我が子を殺してしまうことが究極の児童虐待で、きわめて重い責任があることも否定できません。でも、その責任はトモエさんだけが負うべきものだったのでしょうか。そして、それは死に値するほどのものだったのでしょうか。私にはとてもそのようには思えないのです。子育ての知識を得る機会も無いまま身籠《ごも》らされてしまい、たった一人で孤独な子育てをしなければならなかったトモエさん、真面目で几帳面であるがゆえに頑張りすぎたのではないでしょうか？　彼女を見捨てて逃げ出した元夫や、孤独な子育てをしなければならなかった現代社会そのものがトモエさんとノゾム君をネグレクトしていたと言うべきなのではないでしょうか？

虐待にあった子どもの多くはけっして親のことを悪く思っておらず、むしろ自分自身が悪かったと思っていることが多いと言います。天国に逝ったノゾム君はわざわざ謝りに来たトモエさんにきっとこう言っているに違いありません。

「ママは全然悪くないんだよ。僕の方こそ、頭が痛いときにドンドンうるさくしてごめんね！　誰かが助けてくれたらよかったのにね」

検死を終えて死体検案書類の記録をしながら私は心の中でそっとつぶやきました。

「トモエさん、今度こそノゾム君を可愛がってあげて下さいね。どうか、安らかな平安が訪れますように」

合掌

JCLS 88002-168

JCLS 88002-168

マ・マ……ど・こ・に・い・る・の？

二階建て文化アパートの屋根にギラギラと太陽が照りつけ、クマ蝉の声が一段とうるさく感じられた、ある真夏の昼前、道路を隔てた小さな公園の水飲み場では、子どもたちが泥遊びに興じていました。

むっ、とした空気とすえた匂いが立ち込める部屋の、閉め切った雨戸の隙間から陽の光が部屋の中に射し込み、汚れた壁をかすかに照らし出しています。そのむきだしの畳の上に、カナエちゃんは仰向けに横たわっていました。射し込む光に何かを追い求めるように向けた眼は落ちくぼみ、数匹のイエバエがカナエちゃんの乾きかけた眼に群がっているのです。

［マ・マ…お・な・か…す・い・た・よ］

［いつ、帰ってくるの？］

［どうして遊んでくれなくなったの？　カナエが悪い子だから？］

［どこにいるの？］

［何も見えないよ…暗い…寒い…］

［マ・マ…お・な・か…す・い・た…］

「隣、最近静かやな」

「静かなほうがええやん。いつもキャーキャー、ピーピー聞かされとったらたまらんわ」

「まぁ、それもそうやな。それにしても自分の子にようあんな怒り方しとったな。まるでいらん子みたいやったもんな。最近の若い母親はようわからんわ」

「そらダンナと別れてこぶつきやったら遊びにも行かれへんから欲求不満になっとったんちゃうの？　いつかチラッとあの子を見かけたけどガリガリに痩せとったよ。ごはんもろくにあげてへんのとちゃう？」

「それにしても掃除もしよらんと、このくそ暑いのに臭いニオイ近所にふりまいて、今度見かけたらちょっと文句言うとけよ」

「そう言えば何か腐ったニオイしてるねえ。生ものか何か腐らせてるんとちゃうの？　この間から蝿もえらい多いなあと思ってたのよ、いややわぁ」

「うあっ、そこ蛆虫はってるやないけ、…隣の家からやないか！　ちょっと大家さんに連絡せえ」

真夏の変死体はニオイや蛆虫で周囲に気付かれることが多いのです。私がこの事件の現場に行った時にはアパートの入り口から部屋の中は一面、蛆虫のじゅうたんになっていました。

「先生、あそこなんです」

警官が入り口のドアの前で立ちすくんで奥の部屋を指差しました。周辺の住民はみんな建物の外に避難して、向いの公園からこちらの様子をうかがってひそひそ話をしています。ニオイ消しのために大量の線香がたかれた部屋の中は、まるで煙幕でもはったような感じでしたが、それでも強烈なニオイが周囲に立ち込めていました。そして、ドアを開けた途端にまるでパンドラの箱を開けたかのようにそのニオイは周囲に拡散して行きました。

私は職務上逃げ出して帰るわけにもいかず、土足のまま部屋の中に足を踏み入れました。

一歩踏み出すたびにブチュブチュと蛆虫を踏みつぶす音と周りの蛆虫が一斉にザワザワっと動く音が混じりあい、さらに踏みつぶしきれない蛆虫が足裏で蠢いて、ローラースケートをしているように私の体を揺するのです。それはまるで船酔いでもしているかのような不安定な感触で、ひと部屋移動するのに数時間もかかったような錯覚を覚えながら遺体に近づきました。

　小さな遺体はどこに手足があるのかわからぬぐらい蛆虫が全身をおおって、両方の眼窩にも半ば開いた口の中にも渦巻いていました。幼い体はボロボロのランニングシャツとドロドロのパンツしかまとっていません。ふと横を見ると一緒にいるはずの警官の姿がなく、［あれっ？］と思って探すと、入り口のところで気味悪そうにこちらの様子をうかがっています。

「おい、何してんねん！　ちゃんと入って来いよ。検死せなあかんやろ」

「せ、先生、足元から蛆虫上がってきてまっせ、蛆虫に食べられるんとちゃいまっか？」

「アホ！　蛆虫なんてなめてるだけや。仕事やねんから手伝えよ」

「は、はい。でも…うわぁ、もうあかん…オエーッ」

　これではまったく仕事にならないので一旦外に出て水道の水を流しながら塵取りと箒で蛆虫を取り除き、体の表面をおおっていた蛆虫も洗い流しました。幼い体はあちこち食い破られ、眼球も舌も食い尽くされていましたが、かろうじて女の子であることがわかりました。

「部屋の中、何もないよね」

「そうなんですよ。まるで空家みたいですね」

「冷蔵庫は？」

「空っぽですね」

「お米とかパンとかお菓子とかないの？」

「何もないんですよ」

「服もないの？」

「はい、着ている服だけですね」

「お金も？」

「ありません」

「……食べてなかったってことだね。これ行政（監察医業務）でやるの？　保護責任遺棄致死の疑いで司法（解剖）に回すべきでしょう」

「はあ、でもよくわからないので、まず先生に診てもらおう…と」

「これはちゃんと令状（裁判所の鑑定処分許可状）をとって司法でやらないとだめだよ」

「やっぱりそうですか」


その時、公園の前に小ぎれいなスーツ姿の女性が現れ、それを見つけた隣の家族が驚いたように声をあげました。

「あっ、この人や！　お、おまわりさん、こ、この人がお母さんやで！」

「えっ、おまわりさん？　変なニオイ…何かあったんですか？」

「あんたなぁ、臭いニオイふりまいといて自分の子どもがどないなってんのか知らんのか？」

「こ・ど・も？　……こ、こ・ども？　……あっ」

女性は小さな叫び声をあげました。

「カ・ナ・エ…」

刑事がゆっくりとその女性に近づいてきました。

「オクダサナエさんですか？」

「は、はい」

「あなたの子？」

「はい」

「名前は？」

「カ、カナエ……」

「年は？」

「三歳…」

「今までどこにいたの？」

「き、九州…し、仕事で…」

「仕事？　子どもを置いて一人で？」

「……」

「いつから？」

「十日ぐらい前」

「十日ぐらい前って、子どもの面倒はどうするつもりだったの？」

「ちゃんとパンを置いて行きました…」

「それだけ？　どんなパン？」

「クリームパン三個」

「クリームパン三個で十日間暮らせると思うの？」

「コーヒー牛乳も…すぐに帰ってくるつもりだったんです！」

「…だったんですって、子どものことは気にならなかったの？」

「……」

「戸籍は入ってるんですか？　役所で調べても見つからないんだけど」

「……」

「入れてないの？」

サナエさんは黙ってうなづきました。

「どういうことですか？」

「入れようと思ってたんですけど…時間がなくて…」

「紙切れ一枚出すだけやで」

「でも、子どもがいたら再婚できへんし…」

「はあっ？　ちょっと署の方で話を聞かせてもらおうか」


実際にサナエさんが家を出たのは二週間以上も前だったことがその後の調べでわかりました。

四年前、カナエちゃんの父親が離婚して家を出て行った時、サナエさんは既に妊娠七ヵ月でした。それまではきっちりと産婦人科にもかかっていたのですが、離婚して転居してからは病院にも行かなくなり、自宅でたった一人で出産したのです。生まれた時、一瞬殺そうと思ったそうですが、それはできませんでした。誰にも相談することができないままサナエさんは生活のために風俗店で働き始めました。

カナエちゃんが赤ちゃんだった頃は、無認可の保育施設に預けて働きに出かけ、その頃は結構一生懸命に面倒を見ていたそうです。戸籍届も本当にそのうち出そうと思っていたそうです。でも、あっという間に月日が過ぎ、役所に行くタイミングを逃してしまいました。

サナエさんは美しい女性でした。一年も経たないうちに何人もの男性に言い寄られ、街の中で声をかけられたある男性と愛し合うようになったのです。でも、カナエちゃんのことは言い出せずにいました。相変わらず保育施設に預けて働いていたのですが、職員の話によるとお母さんの服がだんだん派手になっていくのと対照的にカナエちゃんの服に汚れが目立つようになっていったそうです。迎えに来る時間も徐々に遅くなり、いつしか真夜中ギリギリに迎えに来るようになっていました。

その男性と付き合い始めて半年ほど経った頃、男性が九州のある都市に転勤することになりました。男性からは結婚して一緒に住もうと積極的に誘われたのですが、結局カナエちゃんのことを言い出すことも風俗店で働いていることも言えないまま「仕事の都合でどうしてもすぐには行けない」と言って大阪に残ることになりました。男性には「コンピュータープログラマーの仕事をしている」と言っていたそうです。その代わり、サナエさんが時々逢いに行くことになりました。

JCLS 88002-168

最初の内はカナエちゃんを保育施設に預けて週一日程度、日帰りで出かけていたようです。しかし、ある日とうとう保育施設に何の連絡もしないまま男性の家に一泊してしまいました。翌朝、一番の新幹線で帰ったのですが、重大な契約違反ということで保育施設の職員からかなり怒られました。そして同じようなことを二度と起こさないという誓約書を書かされたのです。

翌週、彼の家に行く時、サナエさんはカナエちゃんを保育施設に連れて行くことができませんでした。朝ごはんを摂らせた後、布団に寝かしつけ、枕元に菓子パンとジュースを置いて出かけました。やはり一泊することになり、翌日帰ってくるとカナエちゃんは畳の上で寝ていました。菓子パンも牛乳も全部なくなり食べた形跡がありました。オムツは糞尿まみれになり、顔には泣いた痕がはっきりと残ってドロドロになっていました。でも、サナエさんはその様子を見て可哀想と思うよりも［なんて汚らしい］と思ってしまったのです。

［この子さえいなければ！］

悪魔のような思いが胸の中からこみ上げてきました。次の瞬間、寝ていたカナエちゃんを揺さぶり起こし、オムツも服も全部脱がすと風呂場でいきなり水のシャワーを浴びせたのです。何もわからないカナエちゃんは驚き、大声で泣き叫びました。

JCLS 88002-168

「ママ！　ママ…！」
カナエちゃんの必死の叫びにハッと我にかえりました。何て恐ろしいことを…あわてて
カナエちゃんを抱き上げて胸に抱きしめました。
「ごめんね！　ごめんね！」
「ママ、どこいってたの？　ママ、カナエ、おなかすいた」
「ごめんね！　ごめんね！」
一瞬とはいえ恐ろしい気持ちを持ってしまったことを後悔し、ただ泣いて謝ることしか
できませんでした。この日、サナエさんは仕事を休んで久しぶりにカナエちゃんとゆっく
り一日を過ごしました。しかし、カナエちゃんにとってはこれが最後の幸せな瞬間だった
のです。
翌日、いつもの通りカナエちゃんを保育施設に預けて、風俗店に働きに行きました。そ
の仕事中に彼から電話がかかってきたのです。
「交通事故に遭って足の骨が折れてしもうた。何もでけへんねん。助けてくれ！」
びっくりしたサナエさんはとるものもとりあえず新幹線で駆けつけたのですが……
事故は嘘でした。
「スマン！　もう、お前と一秒も離れていたくないんや。頼む！　仕事をやめて俺と結婚

してくれ！　こんなに好きなんや！　なぁ、頼むわ！」

サナエさんの心は揺れ動きました。彼のことはとても好きだったのです。幸せを逃したくはありませんでした。

「わかったわ。でも、もう少しだけ待って」

「もう、待てない。サナエ、何か隠してるのか？」

「何も隠してない…でも、もう少しだけ待って…」

堂々めぐりの話が続き、気がつくと真夜中を越していました。

「しまった…どうしよう…」

「サナエ、どうしたんや？」

「何でもない…ちょっと仕事のこと…」

保育施設に電話を入れるわけにもいかず、あきらめるしかありませんでした。翌朝、また一番の新幹線で帰ったのですが、今度は保育施設も許してくれません。

「この誓約書を書かれたことは覚えていますね」

「はい、すみません」

「いったいどういうことですか？　もうここではお預かりできません。昨日も私が一晩中面倒をみていたんですよ。連絡も入れないでどこに行っていたのですか？」

「仕事が終わらなかったんです」

「徹夜ですか？」

「え、ええ」

「そんなに忙しくてはとても一人で子育てなんてできないでしょう？　最近、カナエちゃんの服も汚れてますよね。いっそのこと、児童擁護施設に預けたらどうですか？　その方がカナエちゃんも落ち着くと思いますよ」

「はぁ、考えてみます」

「市役所の児童福祉課か児童相談所に行けば相談にのってくれますよ」

「はい、どうもすみませんでした。行ってみます」


サナエさんは市役所に行きました。

「あのう、仕事の都合でこの子を施設で預かってもらいたいんですが」

カナエちゃんはサナエさんの傍で不安そうな表情をしていました。窓口の職員は二人をチラッと見るときわめて事務的に書類を差し出しながら言いました。

「保護申請ですか。では、まずこの書類にお名前を書いて頂けますか？　本市の方ですね？　住民票の確認をしますのでこの用紙も一緒に書いてください。お母さんがお一人で育てられているんですか？」

「はい、え？　住民票？　あ、あの、やっぱりもう一度考えてみます…」

サナエちゃんの手を引っ張って逃げるように立ち去る母子を窓口の職員はポカンとした顔で見送りました。

そうです、カナエちゃんにはまだ戸籍が無かったのです。そのことがばれたら、とても恐ろしいことが起こるような気がしました。

「あぁ、どうしよう…この子さえいなければ…」

アパートに戻ったサナエさんの脳裏を再び恐ろしい考えがよぎりました。カナエちゃんは逃げた実の父親に似ていました。顔を見てその男のことを思い出すと怒りがこみ上げてきました。

「なんで私だけがこんなに苦しめられなあかんの？」

母親の恐ろしい形相を見てカナエちゃんは硬直したように突っ立っていました。瞳は怯《おび》えて凍りついていました。その表情を見てサナエさんは逆上したのです。

「なんや！　その顔は！」

次の瞬間、カナエちゃんを思いっきり張り飛ばし、恐怖のあまり声も出せずに震えているカナエちゃんを部屋に残したままドアをバタン！　と閉めてアパートから出て行ってし

まったのです。ひとり部屋に取り残され何もわけのわからないカナエちゃんは放心したようにつぶやきました

「マ……マ…」

この時、サナエさんの心の中で何かが切れてしまったのです。それはカナエちゃんとサナエさんをつないでいた心の絆《きずな》であったのかもしれません。絆の切れた二人はその瞬間から、地獄に向かってまっ逆さまに落ちて行ったのです。

家を出たサナエさんはそのまま九州に行きました。彼との新しい生活が始まるはずでした。何も知らない彼は思わぬ展開にびっくりしながらも喜んでいました。

「仕事は大丈夫なのか？」

「う、うん。心配しないで」

「荷物は？」

「あっ、今度アパートに帰って引越しの荷造りをしてくるわ」

「手伝いに行くよ」

「ううん、大丈夫。荷物そんなにないから」

「でも、掃除はせなあかんやろ」

「いいの、あなたは気にしないで、お仕事がんばって」

数日後、サナエさんはアパートに戻ってきました。ドアを開けるとカナエちゃんは部屋のすみでじっと座っていました。パンツは糞まみれでドロドロでした。臭いニオイが部屋の中に立ちこめており、サナエさんは思わず顔をしかめました。

「あっ、ママ！　ごめんなさい。ごめんなさい」

サナエさんの姿を見つけてヨロヨロと走り寄ってきたカナエちゃんを見ても我が子と思えませんでした。何か汚らしい大きな虫にしか見えなかったのです。ドンと突き飛ばすと、

「寄るな！」

と怒鳴りつけました。

「あっち行け！」

カナエちゃんは泣き叫びました。

「ごめんなさい、ごめんなさい、ママ、ごめんなさい」

サナエさんはその声を無視して自分の持ち物だけをさっさとまとめました。汚れていた部屋をおおうようにビニールシートを床の上に敷き、周りにわからないように雨戸を閉め

ました。そして、戸棚の中にあった菓子類や食べ物をまるで野良犬に餌をやるかのようにカナエちゃんの前に投げると、荷物を持って一言も声をかけずに出て行ってしまったのです。

公園の前まで行った時、まだカナエちゃんの泣き叫ぶ声が聞こえていました。サナエさんは一瞬アパートを振り返りましたが、そのまま九州に行ってしまいました。梅雨空のどんよりと曇った空のどこかで遠雷の音が聞こえていました。

一週間後、サナエさんは忘れ物を取りにアパートに帰ってきました。ドアの前でしばらく立ち止まっていましたが、物音一つ聞こえません。恐る恐るドアを開けるとガリガリに痩せこけたカナエちゃんが部屋のすみに転がっていました。落ち窪んだ眼は半ば開いたままで、衰弱して声を出すこともできない状態でした。サナエさんにはもはや目の前の現実を受け止めることはできず、どうしていいのかわからなくなっていました。

「カ…ナ…エ」

サナエさんの大きな瞳から大粒の涙がこぼれ落ちました。アパートから飛び出し、近くのコンビニでクリームパン三個とコーヒー牛乳を買ってくると、

「これ、食べておいてね」

とカナエちゃんの横に置いて逃げるようにアパートから出て行ったのです。これが生きているカナエちゃんを見た最後でした。サナエさんの行く手を遮るような凄まじい集中豪雨の中、稲妻が光り雷鳴が轟いていました。

サナエさんは夢を見ました。カナエちゃんの格好をした自分がそこにいました。幼い頃暮らした静岡県の大きな砂丘で薄桃色のハマヒルガオの花が咲き乱れる砂地の一点を見つめていました。アリジゴクの巣です。一匹のアリが巣の中で必死にもがいていました。すり鉢状の砂地を必死に登ろうとするのですが、流砂のように足元の砂は崩れ、巣の底からアリジゴクがパッパッと砂をかけるたびにアリは巣の底へと引きずられてゆきます。でも、それを見てアリを助けようとは思わなかったのです。ただじっと見つめていました。ふと周りを見回すと、そこにいるはずのお母さんの姿がありません。広い広い砂丘の真ん中でカナエちゃんの姿をしたサナエさんはたった一人ぼっちでした。

「お母さ〜ん」

大声で叫びましたが誰も応えてくれません。強い風にあおられた砂が全身に降りかかり、目や口の中に容赦なく入り込んできました。思わずうずくまると足元の砂地が急に崩れだし、あっという間に砂でできたすり鉢状の窪みの中で必死にもがいていました。

「助・け・て」

声を出そうとしても声は出ず、カナエちゃんの姿をしたサナエさんは恐ろしい虫が待ち構えているジゴクの底にどんどんと引きずられていきました。もがいても、もがいても、ズルズルとすり鉢の底に向かって落ちて行き、ふと振り返った時に目の前に見えた、牙を大きく開いたアリジゴクの顔、それは鬼のような形相をした自分の顔でした。

ダブルベッドの中で汗びっしょりになってうめき声を出していたようです。

「お、おい、…おい、…どうしたんだよ？」

彼がびっくりして声をかけてくれました。意識が夢と現実の境をさまよっている中で、サナエさんはカナエちゃんが息絶えたことを虫の知らせで感じ取ったと言います。でも、怖くてアパートに戻ることはできなかったのです。

それから十日前後が過ぎた頃、なぜかサナエさんは不思議な気持ちになりました。

「お母さんに遭えるかもしれない…」

それがアパートに帰ってきたきっかけでした。実はサナエさんはみなし児だったのです。父親のことはまったく記憶になく、幼い頃ハマヒルガオの咲く大きな大きな砂丘にお母さんと行ったことだけを覚えていました。しかし、そこでお母さんの記憶も忽然と消え、サナエさんの次の記憶は施設で大勢の子どもたちと一緒に暮らして育った時まで途切れています。「オクダサナエ」は孤児として保護された時に着ていた服に、女性の筆跡で書かれていた名前でした。しかし、児童相談所の職員がいくら手を尽くして捜しても該当する戸籍はどこにも見つからなかったのです。サナエさんの戸籍は保護された時にかろうじて言うことのできた言葉を元に新しく編成されたものでした。

「オクダサナエ、ヨンサイ、タンジョウビハ、サンガツイツカ」


「隣に住んどったあの女、そう言えば名前も知らんかったけど、『オクダサナエ』っちゅう名前やったそうやで、子どもはカナエやったわ。」

「へえ〜…え？　オクダサナエ？　…オ・ク・ダ・サ・ナ・エ？　…ま、まさか…」

「なんや、お前、心当たりでもあるんか？　…そう言えばお前、前の男との間に子どもがおったはずやなあ？　その時の子どもどうしたんや？」

「オ・ク・ダ・サナエ……私の娘……？」

「…ま、ま・さ・か…う、嘘やろ！」

母・娘・孫はお互いのことを知らぬまま、わずか数メートルの距離で暮らしていたのです。戸籍を作らなかった娘が、戸籍のない孫と一緒に、壁一枚はさんだ文化アパートの隣部屋で暮らしていたのです。遠い昔に静岡で捨てた娘がまさか大阪で隣の部屋に住んでいたことなど露ほども知らぬまま……。

この事件もまた世代を超えた虐待の連鎖なのでした。

平和で豊かな現代の日本では普通の人々にとって戸籍の無い子どもがいることなど想像することもできないのかもしれません。しかし、広く世界を見渡せば地球上で生まれた赤ちゃんのなんと三分の一以上は出生登録がなされていない、戸籍のない子どもたちだと言われています。そしてそのような戸籍の無い子ども達の中にはサナエさんやカナエちゃんのような境遇の人が大勢いることもわかっています。ユニセフの二〇〇六年版世界子ども白書のテーマは「存在しない子どもたち」でした。なぜ、戸籍を作ることもできない子どもたちがこのように大勢存在するのか、私たちはその根本的な社会病理をもっと真剣に考えなければなりません。人として存在することのできない子どもたちがそれほど多く存在する理由が、もしも、経済格差による貧困、教育の欠如、疾病対策の遅延、戦争や紛争による社会破壊等にあるならば、そのことに有効な対策を打ち出さない国家や国際社会こそが子どもたちをネグレクトしていると言うべきなのです。そして、望まれない子どもたちが次々と生まれてくる理由が、めまぐるしく変化してきた男女の関係とかかわりがあるならば、私たちはもう一度社会の中におけるそれぞれの性「ジェンダー」のあり方を考え直すべきなのではないでしょうか？　真実をしっかりと見据えながら有効な対策を打ち出す必要があります。

コラム・乳幼児突然死症候群（ＳＩＤＳ）

乳幼児突然死症候群（Sudden Infant Death Syndrome：ＳＩＤＳ）は満一歳（もしくは満二歳）未満の乳幼児期に突然死した症例で、詳しい死亡状況調査や脳を含む全身の解剖検査（剖検）を行っても死亡の原因がわからない症例に対して付けられることになっている診断名です。ＳＩＤＳは「病死（内因死）」であると思っている人が多いようですが、死亡原因がわからないのですから、内因死か外因死（殺人や事故など）かもわからないわけで、ＳＩＤＳを内因死であると決め付ける考え方は明らかに間違っています。また、我が国では剖検システムの整備が遅れていることもあって、これまでは剖検や死亡状況調査が行われていない症例にも安易にＳＩＤＳの診断名が用いられてきた経緯がありますが、このことはＳＩＤＳ研究だけでなく育児指導や裁判等にも重大な悪影響を及ぼしています。

ところで、大阪府監察医事務所では年間二十例前後の赤ちゃんの突然死症例の検案を行い、ほぼ全例の剖検を行ってきました。監察医務においては担当警察署が詳しい死亡状況調査を行っていますので、我々監察医は赤ちゃんの突然死がどのような状況で発生しているのか、その実情をよく知っています。また、突然死は赤ちゃんだけでなく学童でも成人でも発生するのですが、学童や青年、中高年の突然死は死亡する瞬間の目撃がとても多いのが特徴です。就眠中、スポーツ中、スピーチの最中、ＳＥＸの最中や通勤電車の中等々あらゆる場面で人間は突然死するのですが、その瞬間がどのようなものであったのか、とても詳しくわかっているのです。そして監察医がこれらの症例を解剖して調べると「心筋梗塞」や「クモ膜下出血」などの原因が明らかになる場合がとても多いのです。

ところが、赤ちゃんの場合は「赤ちゃんを一定時間誰も見ていなかった間に赤ちゃんが死んでしまっていた」という状況がとても多く、剖検を行っても明らかに死因に結びつく所見がほとんどありません。この、一定時間見ていなかったというのは必ずしも「赤ちゃんを部屋の中に一人ぼっちでおいていた」

というものばかりではありません。「赤ちゃんの横にいたけど酔っ払って熟睡してしまっていた」、「赤ちゃんを寝かせている隣の部屋で麻雀に熱中していた」というように赤ちゃんの傍にいても赤ちゃんに意識が向いていない状況が一定時間持続していたというのも多いのです。

ある保育園で突然死の事件が発生したときに、その保育園を見に行くと、お昼寝のときに真っ暗にした部屋でずらりと並んだ赤ちゃんがすべてうつ伏せで寝ていた、という状況を目撃したこともあります。職員は部屋の中に一人いるのですが、赤ちゃんの顔はその職員の位置からはまったく見えない状況になっていました。「パチンコに行って赤ちゃんを車の中においていたら死んでいた」というのも時々ニュースになりますね。このように赤ちゃんの突然死は赤ちゃんの立場からみて独りぼっちの時によく発生しているのです。私がフランスの学会に行った折に、フランス人の女性教授とやりとりした内容は衝撃的でした。私が「日本では赤ちゃんの傍で親が一緒に寝るのが普通で、親は赤ちゃんの傍から片時も離れない」と言ったときに、その教授は「そんなのは過保護よ！　フランスでは満三ヵ月にもなればどこの家でも子どもは決まった時間に鍵のかかった部屋に入れて、泣こうがわめこうが次の日の朝まで一切見に行かないわよ。そうやって子どもを甘やかさないで育てるから自立心が育つの。夜は大人のための時間なのよ！」と日本の子育てを馬鹿にしたような言い方をしました。文化の違いと言えばそれまでですが、極端な話だなあ、とびっくりしたのを覚えています。しかし、そのような状況で育てられているフランスの乳幼児突然死の発生率は日本と比較して数倍以上も高いのです。

これはあくまでもたくさんある仮説の中の一つでしかありませんが、赤ちゃんはひょっとすると「独りぼっち」の状況に置かれると「突然死」してしまうのかもしれません。お母さんや保護者の方が赤ちゃんのすぐ傍にいる場合、ほとんどのお母さんや保護者の方は、おそらくまったく自覚しないままに赤ちゃんのさまざまなサインに反応しているといわれています。赤ちゃんが「ア〜」と声を上げたとき、何気なく赤ちゃんの方を向き、そっと顔を近づけて様子を確かめたり衣服や布団を直したりしているのではないでしょうか。この何気ない赤ちゃんとお母さん（あるいは保護者）とのキャッチボールが一定期間途絶えた時、ひょっとすると赤ちゃんは死んでしまうのかもしれません。誰も意識していないほどのささやかな刺激が、赤ちゃんにとって実はとても重要なのではないかと思えることが多いのです。

　さて、SIDSについてはこれまで多くの学者によってさまざまな原因が考えられてきました。二十世紀の終わり頃には米国のスタイン・シュナイダー医師が唱えた中枢性無呼吸説が大きな脚光を浴びましたが、彼が典型的な家族発症のSIDSと位置づけて、合衆国政府が四百億円もの巨額の予算を注ぎ込んで調査した「ワニータ・ホイト事件」が実は典型的な「代理によるミュンヒハウゼン氏症候群（MSBP）」（＝児童虐待）の症例であることが判明してからは、中枢性無呼吸説には否定的な見解が相次いでいます。一方で最近では乳児の生育環境の中における二酸化炭素の関与が、突然死に影響を及ぼす要因の一つとして重要な位置づけを持つ可能性も指摘されています。東北大学大学院（法医学）の舟山眞人教授らの研究によれば、うつ伏せ寝や寝具の状態等で悪条件が重なれば、赤ちゃんの呼吸している空気中の二酸化炭素濃度が一気に上昇して、CO2ナルコーシスという呼吸異常の状態に陥る可能性が指摘されています。また、私自身の赤ちゃんラットを使った動物実験でも、窒息状態に近い低酸素濃度の環境では、思ったほど早く意識消失もおこさずなかなか死亡しないのに対して、低酸素環境に高CO2環境の条件が重なるとあっという間に意識消失して死亡に至りやすいことも確認できています。これらの結果は赤

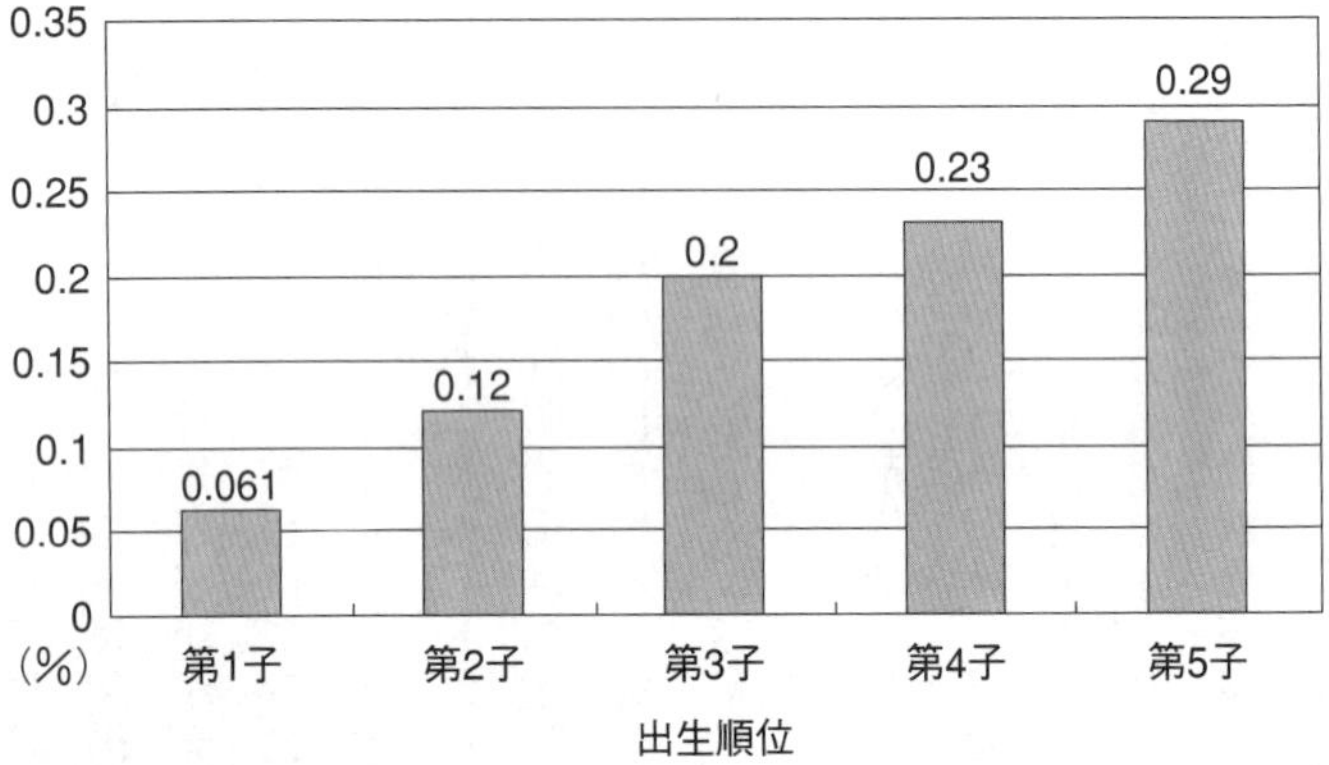

図　乳幼児突然死の発生率

ちゃんの突然死がうつ伏せ寝や受動喫煙が発生している環境で発生しやすく、まるで眠るように死んでしまうことが多いといわれる状況を、とても合理的に説明することができますし、突然死した赤ちゃんの血液検査で胎児性ヘモグロビンという特別な成分が普通の赤ちゃんよりもはるかに多く認められることや、病理検査で肝臓の髄外造血といわれる所見が顕著に認められることとも一致するのです。動物実験でも胎児性ヘモグロビンや髄外造血の所見は低酸素高CO_2環境に曝された赤ちゃんラットで多く認められています。

　他方、SIDSは「ただ単に窒息事

故やネグレクトなどの外因死を正確に見抜けていないだけに過ぎない」との説も多くの学者によって根強く唱えられています。ここに一つの統計がありますす（図）。これは大阪府下で比較的最近の三年間にわたって発生したすべての乳幼児変死症例（二八〇例）の内、明らかな殺人、事故（焼死・溺死等）および難病等の明らかな病死を除いて突然死の状態で発見された一五一例について、第一子として生まれた赤ちゃんから第五子として生まれた赤ちゃんがどの程度突然死しているのかを調べた結果です。第一子として出生した赤ちゃんが突然死した割合が〇・〇六一パーセント（出生一万人につき六人）であるのに対して第二子ではほぼ二倍、第三子はほぼ三倍と続き、第五子ではなんと第一子のほぼ五倍（出生千人につき三人）にもなるのです。それでは出生順位が後になるほど突然死しやすい病気か何かがあるのでしょうか？　けっしてそういうわけではないでしょう。そもそも、我が国では突然死する赤ちゃんはきわめてまれな存在なのであり、第一子であれ第五子であれ九十九・七パーセント以上の赤ちゃんはそのような事態にはならずに健康に育つのです。第一子ではほとんどみられず、兄弟の順位が下がるに連れて徐々にみられやすくなる状況がそこに大きな影響を与えていると考えるべきではないでしょうか。私は兄弟順位が下がるにつれて、親が子どもの育児にかける目が希薄になり、子育てに慣れて要領よくしているつもりが、実は手抜きになっているのではないかと考えています。昔から兄弟のいる家庭ではよく経験されることですが、一人目の赤ちゃんの写真はアルバムに何冊もあるのに、二人目の赤ちゃんでは一冊ぐらいになって三人目以降では生れた時と七五三や入学時など、ほんの少ししか無い……これを「ネグレクト」と言ったらみなさんはびっくりされるかもしれませんね。

「どこの家もそんなものでしょ⁉」

そう思われませんか？　でも、

「お姉ちゃんの写真はあんなにいっぱいあるのに、俺の写真はたったのこれだけしか無い！」

という状況は写真が少ない立場の人間にとってはネグレクトされていたと受け止められてしまうのです。大人の都合や視点ではなく、子どもの視点に立って物事を考えることが大切です。

児童虐待との関連では最近恐い事実も明らかになってきました。私たちが保護した被虐待児童の兄弟歴を調べてみると、過去に兄弟が乳幼児突然死の状

JCLS 88002-168

態で亡くなっている事例がとても多いということがわかってきたのです。しかも、これらの事例のほとんどは剖検も死亡状況調査もなされないまま「SIDS」という診断名が付けられて病死として処理されていました。なかには加害者が加害行為を自首してきたにもかかわらず、警察が強引に「病死」として処理してしまったものすらあるのです。これらの事実は冒頭にも述べたとおり、過去の「SIDS＝病死」の診断がきわめて不適切であったことを物語っています。

赤ちゃんの突然死は亡くなった赤ちゃんが可哀想なのはあたりまえですが、愛する赤ちゃんを亡くした身内の方にとっても大変な悲劇です。子どもだけがいるような状況で発生した場合には、まだ幼いお兄ちゃんやお姉ちゃんが加害行為を疑われることすらあるのです。このような悲劇を一例でも減らしたいと思う気持ちは、学説上の対立があったとしてもすべての人が願うところであるに違いありません。その中で、いまお話したような状況を多数経験している私が是非お願いしたいのは、何番目の赤ちゃんであっても、どうか一人目の時と同じような新鮮な気持ちで出産・育児に備えていただきたいということなのです。二人目であろうと三人目であろうと、どうか一人目の赤ちゃんと同じようにたくさんの写真を撮ってあげて下さい。そして、赤ちゃんが生まれたら少なくとも満一歳の誕生日を迎えるまでは必ず大人の誰かが赤ちゃんのことを注意深く見守っているようにしてあげて下さいね。

JCLS 88002-168

いつもそばにいて

多くの人にとって児童虐待は他人事のように感じられるかもしれません。実際のところ普通の人がイメージする児童虐待は全身がアザだらけであったり、ガリガリに痩せていたり…と見た目にも悲惨なものが多いのではないでしょうか。でも、私たちが出会う事例はそのようなものばかりではありません。普通の家庭の思いもしないところにも落とし穴があるのです。

平成X年の春に職場の先輩と大恋愛の末に結婚したサユリさんはその年の暮れに体調の変化に気付きました。もしや？　と思ったサユリさんは自宅から少し離れた産婦人科の病院を受診し、妊娠二ヵ月に入っていることを告げられたのです。待ちに待った新しい生命がお腹のなかで育ち始めていました。病院からの帰り道、嬉しさと若干の不安が入り混じった複雑な気持ちを抱きながら、頭の中でいろいろなことに思いをめぐらせていました。

「何て言おうかな？　喜んでくれるかしら？　男の子かな？　女の子かな…？」

病院に行く時には何とも感じていなかった自分の周囲がすべて光り輝く世界に変わっていました。いつもは感じなかった不思議なやさしさが心の中に芽生え、ともすればうるさく感じていた街で出会う小学生たちの元気な仕草にも、邪魔に感じることさえあった体が不自由なお年寄りに対しても優しく微笑み、そっと手を差し伸べる余裕すらできていたのです。母性が芽生えはじめていました。

その日、いつもと同じように帰ってきた夫が夕食を食べ終わったあと、サユリさんは同じテーブルに座りながらうつむき加減に告げました。

「あなた、できたみたい」

「えっ？」

「赤ちゃんができたみたい。今日、病院に行ってきたの」

「……」

夫は一瞬何のことかわからなかったようですが、すぐに事情が飲み込めて聞き返しました。

「本当？　本当に？　えっ？　俺の赤ちゃん？」

夫は心から喜んでくれました。それぞれの両親にも連絡し、それからの約八ヵ月間はあっという間に過ぎ去っていきました。

　女性には妊娠が判明し、出産の意思が確認されると「母子健康手帳」が交付されます。「母子健康手帳」には妊娠中から子どもが小学校に入学するまでの、母と子のさまざまな健康管理に関する記録を記入するようになっており、その中に妊娠中の両親（母親）に対する周産期教育の受講記録の欄があります。サユリさん夫婦のこの時の両親学級の受講記録では、サユリさんは前期・後期の母親教室を受講し、安産教室を受講し、後期妊婦指導も受講して、すべてのカリキュラムを漏らさず受講しました。夫も父親教室を受講して、初めての子どもができることに対する期待と、親としての心構えを持とうとしている努力がうかがえます。出産前の親に対する周産期教育としてはこれだけの記録がついていれば一応「満点」です。そして、翌年の八月、両親や周囲の期待を一身に背負って、珠《たま》のような女の子が生まれました。はじめのうちはお乳が十分に出なかったり夜泣きに悩まされたり、必ずしも楽なことばかりではありませんでしたが、夫や双方のおじいちゃん、おばあちゃんの助けもあって女の子はすくすくと育っていきました。かわいい赤ちゃんと優しい夫に囲まれてサユリさんにとってすべての経過は順調でした。そして、この赤ちゃんが満二歳を超えて少し経った頃、サユリさんのお腹には次の新しい生命が育ち始めていました。すべては計画通りで、理想のままに経過しているように思えました。夫も二人目の赤ちゃんができたことをとても喜んでくれましたし、おじいちゃんやおばあちゃんも「今度は男の子だといいね」とまた新たな期待を持って家族を見守ってくれていました。でも、サユリさんは一人目のときのような緊張感や新鮮な期待感はもう感じませんでした。お腹の中の赤ちゃんを気遣いながらもそこには日々奮闘するヤングママゴンの現実の姿があったのです。幼い長女は部屋はよごすし、オムツもよごすし、その始末だけでも大変です。食事も洗濯もすべて大人用と子ども用にわけてしなければならないし、何よりも四六時中子どもが何かを訴えかけてくることにサユリさんは応えていなければなりません。簡単な化粧をする暇もおしゃれをして出かける暇もなく、毎日が戦場です。都会のマンションで核家族世帯として生活しているサユリさんには、二人目の赤ちゃんのために母親教室に行っている余裕などとてもありませんでした。おじいちゃん、おばあちゃんは特急電車で四時間も離れた田舎に住んでおり、子どもの世話を頼める状態ではありませんでした。夫の方もますます仕事が忙しくなっており、

「一度聞いてるから別に行かなくてもいいよ！　どうせ、同じ話だろう？」

と結局父親教室に行きませんでした。この時の「母子健康手帳」を見てみると、一人目とはまったく違います。安産だけはどうしてもしたいので、安産教室だけは行っておこう！　と安産教室の記録はあるのですが、記録はそれだけ…。母親教室や父親教室の記録

JCLS 88002-168

はまったく無いのです。

さて、このような状況は兄弟のいる家庭ではけっしてめずらしくありません。ひょっとすると二人目の子どもの妊娠に際して「安産教室」の受講スタンプがついているだけでもましなのかもしれません。二人目以降の妊娠では安産教室すら行かずにこのページが真っ白なままの「母子健康手帳」の方がはるかに多いのです。

「それがどうしたの？　普通でしょ？」

「子育ては一人目で経験しているんだし、いまさら教えてもらわなくてもいいわよ！」

皆さんはそう思っていませんか？　でも、この二人の運命がその後どのように変わっていったのかをお話しましょう。

二人目は待望の男の子が生まれました。一人目ほどの感激は無かったにせよ、サユリさんも夫も男の子が生まれたことを本当に素直に喜びました。夫も多忙とはいえ仕事は順調でしたし、「一姫二太郎！」とまるで理想を絵に描いたような二世の誕生にすべては順風満帆の家庭のように思えました。サユリさんは幼いこどもを二人抱えて大変な毎日でしたが、一人目のお姉ちゃんは既に三年保育の幼稚園に通い始めていたので、お姉ちゃんが幼稚園に行っている間はほんの少しの余裕もでき始めていました。お姉ちゃんが赤ちゃんだった頃はすべてが初体験でしたので、右も左もわからずに全力で子育てに専念していましたが、二人目の赤ちゃんではある程度のことはわかっているので、お姉ちゃんの時ほど緊張感の張り詰めた子育てをしなくても済んでいました。しかし、事件はある日突然起きたのです。

お姉ちゃんの幼稚園は自宅のマンションから少し離れていて、自転車で十五分程度のところにありました。最近はやりのお受験で有名な幼稚園で、「少し遠いかな」と思いながらも子どもの将来を考えて、少しでも良いところに入れてあげようと思ってその幼稚園を選んだのです。子どもの送迎は保護者が自分で行わなければなりませんでした。行って帰って往復三十分程度でしたので、二人目の赤ちゃんが起きていれば二人を自転車に乗せて送迎していたのですが、赤ちゃんがスヤスヤと眠っているときは赤ちゃんをそっとそのまま寝かせて送迎に行っていたのです。

事件が起きた日もいつもとまったく一緒でした。十四時頃に昼食の片付けも終わって少し一息ついた頃、時計を見るとそろそろ迎えに行かなければならない時刻になっていました。

「あっ、もう迎えに行かなきゃ…」

ベビーベッドに寝かせていた赤ちゃんをみると、スヤスヤと気持ちよさそうに寝息をたてて寝ています。

「かわいいなあ、このまま寝かせておいてあげよう」

サユリさんは赤ちゃんの布団を少し直して、そのまま自転車に乗ってお姉ちゃんを迎えに出かけました。でも、幼稚園に着いた時、たまたましばらく遭っていなかった仲の良い友達にそこでバッタリと遭ってしまったのです。これが悪魔の罠でした。


「あら～、久しぶり」

「しばらく会ってなかったよねえ」

「ホント、どうしていたの？」

「もう毎日たいへん！　ちょっとお茶でも飲んでいかない？」

それからサユリさんは迎えにいったお姉ちゃんと、その友人と、その友人の子どももと、四人で近くの喫茶店に入り、ケーキを頼んでお茶を飲みながら積もる話に花を咲かせてしまったのです。気がつけば三時間近くも経過していました。

「あら、大変！　もうこんな時間！」

慌ててお姉ちゃんを自転車に乗せて家に帰ると……赤ちゃんは出かけた時と同じ姿勢のままでした。まるで静かに眠っているかのようでした。でも……赤ちゃんは息をしていなかったのです。サユリさんが家を出てから四時間が経過していました。

サユリさんはけっして積極的に赤ちゃんを虐待していたわけではありません。普通の人の感覚で考えて「ネグレクト」といえるほどひどい育児の手抜きや放置をしていたわけでもないでしょう。むしろ幼い子どもを二人抱えて、子育てによく奮闘していたといえるのかもしれません。しかし、私たちの死亡状況調査の結果では、赤ちゃんが死亡発見される直前の四時間は誰もこの赤ちゃんを見ておらず、赤ちゃんは家の中で一人ぼっちであった、という事実がクローズアップされてくるのです。厳しいと思われるかもしれませんが、法医学者が赤ちゃんの視点に立って状況を観察した場合、満六ヵ月の赤ちゃんが「四時間ひとりぼっち」というのは「赤ちゃんを四時間ネグレクトの状態に置いていた」という解釈になるのです。私たちは常に犠牲者の立場に立って物事を考えています。赤ちゃんの事件では赤ちゃんの目線が大事なのです。

赤ちゃんの突然死、「乳幼児突然死症候群（ＳＩＤＳ）」という名称をお聞きになられたことがあるかもしれません。日本の厚生労働省の研究班はこのＳＩＤＳを病死とする立場

JCLS 88002-168

をとっていますが、実際に突然死した赤ちゃんの検死と剖検を行ってきた監察医の多くはその見解に疑問を抱いています。なぜなら、私たちが実際に遭遇する赤ちゃんの突然死はすべて誰も見ていない時にだけ発生してきたからです。全世界でこれまでに何百万例という赤ちゃんの突然死が発生しているにもかかわらず、これまでに赤ちゃんが死ぬ瞬間を見たという信頼できる報告はただの一例もありません。ＳＩＤＳは本当に病死なのでしょうか？　私たちの多くのデータは「ネグレクト」の関与を示唆しています。

JCLS 88002-168

全身骨がバキバキ？

沙耶ちゃんは満五ヵ月の可愛らしい女の子、両親は目の中に入れても痛くないようなかわいがり方をしていました。ところがある日お母さんがオムツを替えようとした時に、左の太ももが腫れているのに気付いたのです。

「アラ、どうしたのかしら」

腫れているところを触るといつもと違う異様な泣き方をしたので、すぐにかかりつけのお医者さんに連れて行きました。

「オムツを替えようと思ったら、太もものところが腫れてたんです」

「ふ〜ん、どれどれ…あれ、左だけ動かさないね、ちょっとレントゲンを撮ってみよう」

かかりつけのお医者さんはすぐにレントゲンの検査をしてくれました。

「え〜っ、骨が折れてるよ」

「え〜っ、そんな……なんで折れてるんですか？」

「なんでって、それはこちらが聞きたいことだよ。どこかにぶつけたりしてないの？」

「そんな、ぶつけたりなんかしてません」

「でも、こんな大きな骨が折れるなんて普通じゃありえないよ。何かに挟まれるとか、踏みつけられるとか…よほどのことがなければ…」

「踏みつけるなんて…そんなこと絶対にないですよ！」

「本当かなあ？　気付いてないってこともあるんじゃない？」

「えっ……」

「まぁ、いずれにせよ副木《そえぎ》をあてて様子を見るしかないね。」

「はぁ…」

お母さんは納得できないまま手当てをしてもらって沙耶ちゃんを連れて帰りました。家に帰ってから御主人に今日の話をしました。

「ねえ、沙耶の太ももの骨が折れてたんよ」

「え～っ？　太ももの骨が折れたあ？　いったい何やってたんだよ！」

「何にもしてないわよ。オムツを替えようと思ったら太ももが腫れてるし、いつもと違う泣き方をするからお医者さんに連れて行って、レントゲンを撮ってもらったら骨が折れてたのよ」

「何もないのに折れるわけないだろう！　オムツを替える時に思いっきり脚を拡げたり

したんじゃないのか？」

「そんなことしないわよ！」

「じゃあ、何で折れるんだよ！　何かやってるに決まってるじゃないか！　お前がちゃんと見てないから悪いんだろ！」

「そんな…私、何もしてないわよ…私のこと疑ってるわけ？」

「だってお前が見てるときになったんだろ？」

「私は気付いただけよ。あなたこそ出かける前に何かしたんじゃないの！」

「何ィ～！　てめえが悪いの棚に上げて人のせいにする気かぁ！」

ガシャン！　御主人がたまたま手元にあったスティックのりを投げつけたところ、運悪く食器棚のガラスにあたって割れてしまい、大きな音にびっくりした沙耶ちゃんは火をつけたように泣き出しました。

「あっ、ゴメンゴメン、パパが悪かったね、ベロベロ～、ゴメン、ゴメン～」

御主人は慌てて沙耶ちゃんを抱き上げてあやし始めました。

でも、団地の隣の部屋に住んでいる夫婦には違うように受け止められていたのです。

「何か隣の家、変じゃない？」

「最近、虐待とか多いしなあ」

「ガラスとか割れてる音してたし、赤ちゃん泣いてるよ」

「虐待やろか？」

「いややわあ、どないしよう？」

「しばらく様子みて変やったら通告しといた方がええんとちゃうか」

「え〜っ、通告ぅ…そんなんどこに言うのよ、あんたがしてよ」

「俺も知らんわ」

「もう、自分もようせんのに偉そうに言わんとって」

数日して沙耶ちゃんを見かけたその隣の家の人は沙耶ちゃんの脚に副木があてられているのに気付きました。

「あら、沙耶ちゃんどうしたの？」

「それが、太ももの骨が折れてたんです」

「え〜っ、太ももの骨が折れてたぁ？…そ、それは大変ね、大事にしてね」

［た、大変や…どないしよう、虐待やろか？］

「ちょっと、あんた！　隣の沙耶ちゃん…太ももの骨が折れてたって…」

「何ィ？　太ももの骨が折れてたぁ？　そんなん虐待やろ…？　この間のあの時やろか？」

「ちょうどそんな感じやねえ」

「おい、どないしたらええねん」

「そんなん私にもわからへんわ。通告って言うてたのあんたやんか。あんたが通告してよ」

「うう、考えとくわ」

「もう、本当に自分じゃ何もできないんだから」

「そんならお前が通告しろよ！」

「い、いややわ！」


それからしばらくして今度は反対側の右の太ももが腫れていることにまたお母さんが気付きました。やはり今度もその部分を触ると沙耶ちゃんは異様な泣き方をするのです。

「あれ、また太ももが腫れてる。今度は反対側やわ」

心配になったお母さんは今度は公立の大きな病院に沙耶ちゃんを連れて行きました。最初、小児科を受診したのですが、レントゲンを撮ったところ骨折が認められたので、すぐに整形外科にまわされました。

「ちょっとお母さん、右の大腿骨が折れてますよ！　何したんですか？　それに反対側も何かケガしてるよねえ」

二十台後半の若い担当医は初めから責めるような口調でお母さんに尋ねました。

「反対側も折れてるんです。先週、太ももが腫れてるから、近くの開業医さんに連れて行ったら大腿骨が折れてるって言われて…」

「え〜っ？　左も折れてるの？　ちょっと、そっちもレントゲン撮らしてもらうわ」

担当医はそう言いながら、反対側の太ももだけでなく全身のレントゲンを撮るように検査をオーダーし、オーダー票の角に小さく赤い星印を三個記載しました。これがこの病院での暗号だったのです。こうするとすべての病院関係者にこの子どもに「児童虐待の疑い」がかかっていることがわかる仕組みになっていました。病院長とメディカルソーシャルワーカーにすぐに連絡が入りました。やがて、全身骨のレントゲン写真が届けられると、担当医は厳しい目でそれらの写真をじっと見つめながら言いました。

「お母さん、この子の骨はあっちこっち折れてますよ！」

「何ですって?!」

「大腿骨だけじゃない、下腿の骨も、上腕の骨も、肋骨も…全身バキバキじゃないか！」

「ぜ、全身バキバキ？　です…か？　そ、そんな…ど、どういうことですか？」

「それはこっちのセリフだよ。いったいどんな育て方してるんだ！　それも今まで放っておいて…こんなのは児童虐待以外の何物でもないよ。ただちに児童相談所に通告します！」

正義感たっぷりの若い担当医はおろおろしているお母さんに対してきっぱりと断言しました。

「児童虐待？！　通告…？！　えっ？　何のこと？」

「赤ちゃんのこんな多発骨折は虐待以外にありえないって、整形外科の教科書にも小児科の教科書にも書いてある。心当たりあるでしょ？　児童相談所が来るまで赤ちゃんはこちらで預かります。変なまねしたら警察を呼びますよ」

「えっ、児童相談所？　警察？　沙耶は？　沙耶‼」

頭が真っ白になってしまい大声で沙耶ちゃんの名前を叫んだのですが、そのことがまた病院関係者に「異様」に捉えられてしまったのです。カルテの角に赤い星印が三個付けられると同時に、すべての病院関係者は「怪しい」という目で見るようになってしまっていました。

連絡を受けた児童相談所はすぐに病院に職員を派遣してきました。メディカルソーシャルワーカーの部屋で病院側と児童相談所職員の面談が行われました。

「先ほどの通告の件でおうかがいしました。」

「あっ、お忙しいところをお疲れ様です。満五ヵ月の女の赤ちゃんなんですが、主訴は右の大腿部を痛がって動かさないということでした。レントゲンを撮ってみたところ、このように右大腿骨に大きなラセン骨折が見つかったんです。左側も副子が当たっているので、どうしたのか尋ねると、左も折れているってシャアシャアと言うんですよ。こんな満五ヵ月の赤ちゃんの大腿骨がバキバキ折れることなんて普通はないですからこれはヤバイ！　と思って全身骨のレントゲンを撮ったところ、このようだったんです。もう全身バキバキ！　それにこれらの多くは今まで放っておかれてたんです。こんな多発骨折を今まで放っておくなんて児童虐待しかありませんから、すぐに通告するように指示したんです」

「なるほど、全身バキバキで放ったらかしですか？　これは大変だ。すぐに対応しなければなりませんね？　赤ちゃんは？」

「病棟の方で母親から隔離して看護師が保護しています。母親には管理棟の応接室で別のメディカルソーシャルワーカーが対応しています」

「いろいろと御配慮いただき有難うございます。先生がそこまではっきりと児童虐待と

JCLS 88002-168

仰っている以上、早速赤ちゃんには職権で一時保護をかけ、こちらの方でも家庭状況等の調査を開始します。原因究明のために法医学の先生にも赤ちゃんを診てもらおうと思いますが、いかがでしょうか？」

「それがいいと思います。私らには原因はわかりませんからねえ」

「では、早速手配します。それと、お母さんに少し会わせて頂けますか？」

「はい」


「はじめまして、ちょっとお話をおうかがいできますか？」

「沙耶は？　沙耶は？　沙耶に会わせて下さい！　私、何にもしていません！」

「お母さん！　少し落ち着いて下さい。急なことでびっくりされていると思いますが、私たちは警察ではありません。沙耶ちゃんを安全に守るためにお話をおうかがいするだけですから、落ち着いてお話を聞かせて下さい」

「私は沙耶を病院に連れてきただけよ！　そやのに何でこんなことになるの！」

「病院の検査でいっぱい骨折が見つかっているんです。そのことはお聞きになっていますよね？」

「全身バキバキって…そんなアホな…いったい何時骨折なんかするのよ！　全身バキバ

キやったら死んでしまうやんか！　どこに殴ったり踏んだりした痕があるのよ！」

「…？？　なるほど…だからみんな心配しているんです。何か特別な原因があるのかもしれませんよねえ。とにかく沙耶ちゃんは、骨折の原因がはっきりとわかるまでは児童相談所の方で一時保護の措置下におかれます。その間に骨折が見つかるまでのことをいろいろと調査したり、法医学の先生に骨折の原因を調べてもらったりして、どうやったら沙耶ちゃんに同じような骨折がおこらないようにすることができるのか、私たちも考えるようにしますのでお母さんも協力して下さい」

「協力、協力って人の子ども取り上げといて、何を協力するのよ！」

「……あくまでも安全のためですから…」

お母さんはやっとの想いで御主人に電話連絡をしました。

「沙耶が……児童相談所に連れて行かれたの…全身骨折でバキバキやって……ずっと虐待されてたって…私どうしたらええの…？　助けに来て…」

「全身バキバキ？　ぎ、虐待？　ど、どういうことや？　何やったんや？」

「何にもしてへん。今日、左足動かせへんから病院に連れて行ったらまた骨が折れてて、それから全身のレントゲン撮ったらあちこちの骨がバキバキに折れてて、こんなん虐待しかない！　って、通告するって…」

「何で全身バキバキなんや？　おかしいやろ？」

「だから…私何もしてないし、わけがわからへんのよ」

「とにかくすぐ行くわ」


この間、児童相談所はただちに周囲の状況調査を開始していました。まず、隣近所の家から聞き取り調査をするのです。最初に向かったのはあの日ガシャンという音を聞いた隣の家でした。

「こんにちわ、児童相談所のものですが、少しお話をお聞きしたいのですけど」

「児童相談所？　うちには子どもはいてませんけど…」

「あっ、おうかがいしたいのはお隣のことなんです」

「隣？」

「はい、何かこれまでにお隣から、赤ちゃんの異様な泣き声とか、大人の怒鳴り声なんかが聞こえてきたことはありませんでしたか？」

「！　あ・あ・あ・あの赤ちゃんのことやろ！　ありました。ありました。やっぱり虐待やったんですか？　家でも通告しようって主人と相談していたところなのよ…ああ、怖いわぁ」

「どういうことでしょうか？　周りでも虐待が疑われていたのでしょうか？」

「あれは一週間ぐらい前やったかなあ、夕飯時にガシャーン！　ってガラスの割れるような大きな音がして、それから赤ちゃんが大声で泣いていたのが聞こえてきたのよ。その前に何か大声でわめくような声も聞こえてたし…。主人とも変やなあって話してたのよ。そしたら数日後、隣の奥さんにあったら赤ちゃんの足に副木がしてあって、聞いたら骨が折れてたって…もう私びっくりして、だってそんなの虐待しかないでしょ？　もうどうしたらいいかわからなくなって…主人は通告せなあかんって言うたんやけど、主人も私もどこに通告したらええのかもわからなくって…でも、誰かがやっぱり通告されたんですか？」

「ええ、だから私たちがこうして調査をしているんです」

「やっぱりねえ、よかったわあ…それで赤ちゃんはどうなんですか？」

「申し訳ないのですが、赤ちゃんの状況については職務上お話できないんです。ごめんなさいね」

「ああ、守秘義務っていうのね。知ってるわよ。難しいお仕事やねえ」

「お隣の様子について、普段何か気付いたことはありませんか？」

「そうねえ、まだ生まれてそんなに日にちも経ってないし、気がついたのは初めてやったけど…でも、御主人はいつも夜遅くに帰ってきてるみたいよ。どこかに別の女でもいてる

ん と違う？」

「普段から、赤ちゃんの異様な泣き声がよく聞こえるというようなことはありませんでしたか？」

「まあ、赤ちゃんは生まれてからずっと泣いてるわねえ、異様と言えば異様やし…」

「なるほど、そうですか。ありがとうございました」

「でもいややねえ、虐待なんてよそのことだと思ってたのに、こんな近くで起こるなんて…」

「あっ、でもまだ虐待って決まったわけではないですから、ご近所の方には黙っておいて下さいね」

「はいはい、もちろんよ」

御主人は血相を変えて病院に来るなり、

「どういうことや！」

誰にというわけではなく、そこに集まっているすべての人に向かって言いました。

整形外科の主治医がまず説明を始めました。

「このレントゲン写真を見て下さい。これが今回折れているところです。大腿骨がはっきりと折れているのがわかりますね」

「ああ、それはわかるわ」

「反対側の大腿骨が折れているのも知っていますね」

「それも聞いてるわ」

「念のために全身のレントゲンを撮らしてもらったのがこれです。下腿や肋骨、上腕骨、あちらこちらに骨折の痕跡が見つかったんですよ。まだ満五ヵ月の女の子ですよ、生まれてこの方ずっと骨折し続けているようなものです。いったい家庭でどんな育て方してたんですか？」

「ずっと骨折し続けた…？　どんな育て方していた？　それってどういうことやねん？何か無茶苦茶やってたって言いたいのか？」

「だってそうでしょう？　無茶苦茶しなければどうしてこんなに骨折するんですか？それもこれまで病院にも連れて行かずに放ってあったでしょう？」

「放ってあった？　それなら聞くけどどうやったらこんな骨折ができるねん？」

「やはり叩くとか、落とすとか、思いっきりひねるとか…」

「叩いたり、ひねったり、落とした痕ってどこかにあるんか？」

「……まあ、ぱっと見たところではないけど、そんなに勢いつけて叩かなくても足でギューっと踏みつけても簡単に骨折しますしね」

「そんな証拠も無いのになんでそんなこと決め付けるねん？　俺はこの子が叩かれてるところとか、落とされたところとか、見たこと無いで。もちろん、俺もそんなこと一回もしたことないし、骨が折れるほど踏みつけたら内臓破裂で死んでしまうやないか！　別にこれまでバキバキに折れてるようなことなんか一度も無かったぞ。だから病院にも行ってないんやないか！」

「御主人がみたかどうかは別問題でしょう？　見てないところで誰かがやっているのかもしれないし……」

「俺が嘘ついてるとでも言うんか。それともうちの家内がやったってことか」

「まあ、そうは言ってませんけど…」

「言ってるのと同じやないか」

　険悪な雰囲気の中に児童相談所の職員が割って入りました。

「まあまあ、とにかくこのままでは何が原因かわからないですから詳しく調べることが大切でしょう？　とりあえず沙耶ちゃんはこちらで安全にお預かりします」

「お預かりしますっていったい誰の許可をもろうて言うてるねん。親は俺や！　俺が父親や！　保護者は俺や！」

「これは児童相談所の職権で一時保護するということです。保護者の許可は必要ありません」

「なんやと？」

「法律に基づいて安全な場所でお預かりするということです」

「法律…？　ケッ、何やねんそれ、難しいことぬかしやがって…覚えとけよ！」

保護者と関係者が大揉めに揉めている中、私への診断依頼が入りました。

「あっ、コウノ先生ですか？　また一人お願いしたいんですぅ」

「どんな事例ですか？」

「それが、満五ヵ月の女の子なんですが、全身バキバキで…」

「満五ヵ月で全身バキバキ？　それで生きてるの？」

「ええ、全身状態はとくに悪くないんです」

「全身バキバキで？」

「ええ」

「何それ？　打撲の痕とかあるんですか？　頭蓋内出血は？　肺とか肝臓とか内臓の損傷は無いの？」

「目立った打撲の痕はどこにもありません。頭蓋内出血もありません。内臓損傷もうかがってません」

「どういうこと？　くる病とか骨の病気にはかかってないの？」

「両親からはとくにそのような話は出ていませんし、主治医の先生からもそんな話は…」

「ふ～ん、何か変やなあ。とにかく診てみないことにはどんな感じかもわからないわけだね。今の予定だと…明後日の夕方になりますが、いいですか？」

「はい、すみません」

二日後は土曜日でした。午前中の診察を済ませて私は沙耶ちゃんが保護されている病院に向かいました。

「最初に通告をしてくださった病院で整形外科の主治医の先生が虐待以外の何物でもない！　って御両親に断言されて、母親は一時錯乱状態になり、父親のほうは激昂しています」

「ふ～ん、主治医の先生が虐待って断言したの？　すごい先生やなあ（苦笑）。その先生って若いでしょう？　正義感たっぷりで、私が何でも解決してあげます！　っていう雰囲気の先生じゃないかなあ」

「そうです、そうです。もうビシーッ、バシーッ！　ていう感じの先生ですよ」

「うふふ、僕も医者になりたての頃はそんな感じやったなあ。でも、そういう時期は思い込みも激しくてね…今から考えると間違いだらけ…！　だんだんこうやってボケてアホみたいになってくるんだけど、何故かヘマもやらなくなるんだよ。人間、肩の力を抜くことが大切なんだよね」

「へえ、そんなもんなんですか？」

「そういうこと！　さて、ちょっとレントゲン写真を見せてもらいましょうか」

「はい、これがお預かりしてきたものです」

「どれどれ…あれっ、何これ？　すごく骨の影が薄いなあ…とくに骨皮質の厚さなんかペラペラやんか…それに、確かにあちらこちらに骨折の痕と修復像が見られるけど赤ちゃんや子どもの普通の骨折修復像とはかなり違って、修復のしかたがとても弱いねえ。折れ方もバキッていう折れ方のものよりもミシミシってヒビが入るような折れ方のものが多いしね、これはひょっとするとひょっとだよ…」

「えっ？　どういうことですか？」

「うん、よく調べてみないとわからないけど骨の病気の可能性が高いってことだよ。骨形成不全症っていうのがあってね、ガラスの奇病とも言われるぐらい骨折しやすい病気なんだけど、それじゃないかなあ。そうだとすると大変だなあ。ちょっと赤ちゃんも診察させ

JCLS 88002-168

てもらいましょうか」

「はい、ナースステーションの方で今は観てもらっています」

「この赤ちゃんですね、ちょっと服を脱がせて下さい」

「はい」

「う〜ん、この子の外表所見にはそんな虐待をうかがわせるようなものはどこにもないですね。オムツかぶれも全然ないし、体も清潔に保たれてるよ。全身のあちらこちらが骨折するほどの外傷を受けたとは考えにくいなあ」

「え〜っ、そうなんですか？　じゃあ、どうすればいいのでしょう？」

「まず、この写真を小児整形外科の専門で有名なミノベ先生に見てもらいましょう。ミノベ先生のところには同じぐらいの月齢の赤ちゃんのレントゲン写真がたくさんあるからまず骨皮質の厚さを比較してみます。それと、この赤ちゃんは一度眼科を受診させて眼の検査を受けてもらって下さい。虐待行為を受けている場合には眼底出血や網膜剝離が認められることがあるし、逆に骨形成不全症ならば青色強膜という所見が認められることがあるので、鑑別に役立つかもしれません。結論はそれらの結果が出てから出すことにしよう。でも、これはきっと虐待じゃないような気がするなあ…」

「えーっ？　そんなの困りますぅ」

「なんで困るんだよ。虐待じゃなかったら万々歳じゃないか！」

「だって主治医の先生は自信たっぷりに虐待！　って言ってるんですよ。だからすぐに一時保護もかけたのに…両親にどう説明すればいいんですか？」

「まあ、詳しく調べたら間違ってましたって正直に言うしかないでしょう。虐待じゃなくて良かったですね〜って言ったら？」

「そんな殺生な！」

「僕は虐待なんて言ってないもんね〜」

「……先生のバカ」


　私はミノベ医師のところにその写真を持参して、同じ月齢の赤ちゃんたちの写真と比較してもらうことにしました。

「先生、この写真なんですが骨皮質が薄すぎませんかねえ？　骨形成不全症の可能性はありませんか？　整形外科の主治医は虐待や！　って言ってるみたいなんですけどね」

「どれどれ、あっ、ほんまやなあ…これは薄いわ。ちょっと比較してみまひょか…これが満五ヵ月の普通の赤ちゃんやけど、骨皮質は…やっぱり明らかに違うわ…それにこの骨折

JCLS 88002-168

JCLS 88002-168

の修復像は周りに新しい骨があんまり瘤を作ってないでしょう。子どもの骨折が治癒する過程では骨折部位の周囲に大きな瘤をつくるぐらいにしっかりと新しい骨ができてくるんですわ。この写真は全然ちがうわ」

「はい、私もそう思ってるんです」

「多分、骨形成不全症で間違いないでしょう。眼の検査はしはりましたか？」

「いま、眼科に依頼しているところです」

「ブルースクレア（青色強膜）が認められたら確実ですね」

「やっぱりそうですか、どうもありがとうございます」

「いやいや、それにしてもその主治医も整形外科の医者やったら骨形成不全症ぐらい気付いてほしいなあ。どこの大学出てるねん？」

「それが…先生の後輩です」

「えっ？　ガクッ…ほんま、情けないわ」

「いや、きっと正義感の強い熱心な先生なのだと思いますよ。でも、思い込みって怖いですよね」

「その通り！　医者に必要なのは自分の頭で考えて、臨機応変に柔軟な対応ができることなんやけど今のマニュアル的な医学教育ではそういう医者はなかなか育てへんよなあ。試験で点数のとれる判断しかでけへん奴が多すぎるわ。その主治医も（多発骨折＝児童虐待）っていう選択肢しか思い浮かべへんかったんやろなぁ。医学教育の根本から見直さなあかんなあ」

私はすぐにその場から児童相談所に電話連絡しました。

「やっぱり骨形成不全症みたいだよ。眼科の検査結果はどうだった？」

「先生～、今電話しようと思ってたところなんですぅ。眼科の結果でも青色強膜が認められるって言われました。どうしましょう～」

「これで骨形成不全症はほぼ確実になりましたね。ここからの対応が大切なんだよ。御両親はこの子がそんな難病の患者だってことを知らなかったわけでしょう？」

「はい、まったく」

「骨形成不全症はこの間も言ったようにとても骨折しやすい病気で、本当に薄手のガラスがペキペキ割れるようにちょっとした衝撃で骨折を起こしてしまう病気なんだよ。それだけでなくタイプによっては、今後難聴や靭帯の異常を合併してくる可能性もあるんだ。だからこれから育児をしていく上でさまざまな注意や保護が必要になってくるし、専門医による治療も必要になってくる。保護者にかかる負担も並大抵ではないわけで、児童相談所

JCLS 88002-168

としては積極的に育児支援を行っていく必要が出てくるんだよ。発見の糸口は虐待通告だったけれど、ここからはいかに上手に保護者の信頼を得て専門医療と育児支援に繋げていくことができるか、そこが児童福祉司さんの腕の見せ所じゃないかなあ」

「確かにそうですけど…お父さんものすごく怒ってるし…そんなの難しすぎますよ」

「最初に虐待って断言した主治医の先生にも、ちゃんと説明してもらう必要があるよね」

「はい、でもあの先生も自信たっぷりだったから説得するの難しそうだし…泣きそう」

「とにかく、虐待の疑いが晴れた以上、一時保護はすぐに解除するように手配した方がいいでしょう。それを信頼回復に繋げていく第一歩にしなければ仕方がないよね」

「あぁ大変……はい、今からすぐに解除するように手配します」

病院では患者の処置については主治医が絶対的な権限を持っているので、児童相談所の一時保護を解除するにあたっては主治医の了解をとらなければならないのですが、眼科から青色強膜の所見がみられるとの連絡を受けた主治医は自らの誤診と、ことの重大さに恐れをなして雲隠れしてしまったのです。そして、こういう時に責任を取らされるのが上司のつらいところ。病院の組織では所属科長と病院長が上司にあたります。前回とは打って変わって病院の立派な応接室で両親への説明が行われることになりました。

「本日判明した沙耶ちゃんの御病状について、整形外科部長から説明させていただきます」

「沙耶ちゃんについてその後、転医先の病院でいろいろと検査した結果、沙耶ちゃんは骨形成不全症という難しい疾患の患者さんであることが判明したとの連絡が入りました」

「骨形成不全症？」

「はい、常染色体性の遺伝性疾患なのですが、簡単にいうと生まれつき骨のでき方が悪くてとても骨折を起こしやすい疾病です。沙耶ちゃんの場合は常染色体性劣性遺伝に属する先天性骨形成不全症だと思われますが、もう少し詳しい検査をしてみなければ最終的なところまではわかりません。あと、これらの中には今後難聴や靭帯の弛緩などの症状が表れてくるものもあり、専門的な治療と観察がとても重要になってきます」

「病気で骨が折れるんですか？」

「はい、病的骨折と言ってちょっとした負荷で骨が折れてしまうんです。ガラスの奇病という名前がついているぐらい、骨が折れやすいんです」

「ガラスの奇病？　じゃあ誰かが殴ったり踏みつけたりしたわけではないんですね？」

「はい、この病気の患者さんの場合、ちょっときつく抱きしめただけでも骨が折れることがあります」

「主治医は虐待以外の何物でもないって言ったけど？」

「すみません、こちらの間違いです。申し訳ございませんでした」

「間違い……？」

「沙耶は？」

「骨折の原因が骨の病気とわかった以上、虐待を疑う客観的な根拠はありませんから、ただちに一時保護を解除します」

「帰ってくるんですか？」

「はい、もうこちらに向かっています」

「えっ本当ですか？　返ってくるんですね……あぁよかった…」

「でも…この数日間、私らがどんな気持ちで過ごしたかわかりますか…？　虐待以外の何物でもないって言われて…私は主人を疑って、主人は私を疑って…沙耶も私たちから引き離されて独りぼっちにされて…いったいどんな気持ちだったか…あなたたちにわかるんですか！」

「すみません」

「すみませんって…主治医はどうしたんや！　何でここにおれへんのや！　あいつが虐待以外の何物でもないって言うたんやぞ。変な診断しやがって！　あいつが言うたからこんなに苦しめられたんやないか。真っ先にここにきて謝まらなあかんのはあいつやろ。それが何でおれへんねん！」

「それが…本当に申し訳ありません」

大変な数日間でしたが、沙耶ちゃんは無事両親のもとに戻ってくることができ、久しぶりに小さな家族の全員が一ヵ所に顔を揃えることができました。病院や児童相談所に対する怒りや不信感などの複雑な感情はまだ残っていましたが、沙耶ちゃんが帰ってきたことで両親の気持ちは一気に落ち着き、数日後には病棟で医師や看護師に対しても笑顔を見せたり冗談を言ったりするようにもなっていきました。「骨形成不全症」という難病が明らかになって、今度は専門的な医療が必要となったので入院生活はまだしばらく続くのですが、新たに担当することになった小児科や整形外科の医師が誠意をもって対応し、児童相談所も積極的に有効な育児支援を行っていったことによって、徐々に深い信頼関係が築かれていきました。骨形成不全症という病気による骨折はその後も何回か繰り返していますが、現在では両親も沙耶ちゃんを見守る周囲の人々も、その病気に対する深い理解が得られたおかげで、沙耶ちゃんが骨折をしても虐待が疑われることはなくなったのです。

このように虐待行為の結果と区別のつきにくい疾患は「骨形成不全症」だけではありま

せん。「血友病」は一度出血した血液がなかなか固まらないため体に大きな皮下出血をつくったり、軽微な出血が大きな所見となって顕れることが多く、殴打による皮下出血と間違われやすい傾向があります。頭の中にも硬膜下血腫を形成している場合があり、私の経験でも「乳児の硬膜下血腫＝shaken baby syndrome」という短絡的な発想で虐待通告がなされた事例も数例経験しています。しかし、血友病の患児に認められる硬膜下血腫ではきわめて特徴的な形状（団子状血腫）の硬膜下血腫を示すので、その特徴を知っていれば血友病の存在に気づくことができます。その他にも「伝染性膿痂疹（トビヒ）」がタバコの火による火傷と間違えられたり、「凍瘡（しもやけ）」が熱傷と間違えられて通告されてきたこともありました。また、日本ではありませんが、欧米では東洋人の乳幼児に認められる「蒙古斑」が打撲による皮下出血と間違えられて虐待通告されることがしばしばあるようです。いずれの場合も医師が正しい医学的知識を持って丁寧に身体所見を観察すれば、各疾病の特徴や遺伝的特徴から比較的容易に正しい診断へとたどり着くのですが、いずれの場合も比較的まれなケースであるために、経験の少ない医師の場合には教科書的記述に惑わされて誤った判断をしてしまうのでしょう。また、生まれてそれほどの年月が経っていない乳幼児の場合は、保護者が赤ちゃんの身体的特徴や潜在的疾病にまだ気付いていない場合が多く、周囲から間違った指摘を受けたとしても、そのことについて正確に説明するこ

JCLS 88002-168

とができません。そうすると診断に必要な情報が医師に上手に伝わらないために、誤った判断に結びついてしまうこともあるようです。

我が国では虐待か否かの判断を行う時に、まだ法医学的な鑑別診断法を取り入れていない都道府県が多いのですが、臨床医と法医学者がそれぞれの視点からダブルチェックを入れることによって、外傷や病態の原因を正確に解明して正しい判断へと導くことができます。また、さらには保護者でさえも気付いていないさまざまな医学的異状や、骨形成不全症、血友病などの難病を発見して専門医に橋渡しをすることもでき、そのことが難病を持った子どもたちの健やかな成長へと結びついていくこともあるのです。臨床医と法医学者、児童相談所と警察の連携が全国的に普及して、現場での正確な判断がなされるようにする必要があります。

JCLS 88002-168

ドドッ・ゴン！

水野さん夫妻は結婚して六年が経過していました。御主人の孝さんと奥さんのマリさんには十五歳の年の差があり、世間的には歳の離れた夫婦ということになるでしょう。スイミングクラブで泳いでいる最中にたまたまぶつかって孝さんから声をかけたことが交際の始まるきっかけでした、マリさんは孝さんの誠実な姿勢に次第に魅かれていったそうです。実は孝さんにもマリさんにも思春期の頃に荒れた時期があって、孝さんは一時期暴走族として暴れまわっていましたし、マリさんも情緒不安定から自殺未遂をしたこともありました。でも、孝さんもマリさんも既にそれぞれ立派な大人になって定職を持ち、社会人としてすっかり落ち着いていたのです。親戚の中には過去を問題にしたり年齢差を危ぶむ声もありましたが二人の愛情は強く、萩の花の咲く頃にささやかな結婚式を挙げて夫婦の新しい生活が始まりました。孝さんの年齢が高かったこともあって、できるだけ早く赤ちゃんがほしかったのですが、コウノトリはなかなか現れてくれませんでした。しかし、二人ともあきらめかけていた五年目に思いがけなくマリさんの懐妊が判明し、赤ちゃんは順調にすくすくとマリさんのお腹の中で成長していったのです。待望の赤ちゃんが生まれた時、孝さんは四十五歳、マリさんも三十歳になっていました。赤ちゃんは珠のような可愛らしい女の子で二人の想いを込めて「ハルナちゃん」と名づけられました。赤ちゃんの誕生は二人にとって本当に嬉しい門出になるはずだったのですが、この時、思いがけずバブル崩壊の煽りを受けて孝さんの勤めていた会社が倒産してしまったのです。年齢の高い孝さんは途方に暮れてしまいました。これから子育てに頑張らなくてはならないのにいったいどうしたらいいのだろう？　四十五歳というのは微妙な年齢で不況下ではなかなか新しく就職できる会社がありません。焦りから少しイライラをつのらせることもあったのですが、そんなイライラもハルナちゃんのかわいらしい顔を見れば不思議と安らいでいたのでした。数ヵ月経った頃、正社員ではありませんでしたが、何とか安定した仕事に就くことができ、ホッとしていた時のことでした。休日の夜、いつものように夕食を済ませて夫婦のベッドルームでハルナちゃんをベッドの上で遊ばせながら、孝さんは好きなカー用品の雑誌に目を通し、マリさんはダブルベッドのすぐ横にある鏡台に向かいながらお肌の手入れをしていました。その頃、ハルナちゃんは満六ヵ月を過ぎてかなり活発にハイハイをしたり、いろいろなものに興味を持って手にとったりするようになっていて、女の子だからでしょうか、ガラスのビンやキラキラするものには特別に興味を示していたようです。

JCLS 88002-168

事故は一瞬のうちに起こりました。マリさんの鏡台に置いてあった香水のビンを見つけてハルナちゃんが勢いよくマリさんの方にハイハイで近づき、ビンに手を伸ばそうとした瞬間、ベッドの端でバランスを崩してベッドと鏡台の間に二十センチ程度空いていた隙間に左足を滑り落としてしまったのです。不意にバランスを崩して約七十センチの高さのベッドから、一瞬のうちにフローリングの床の上に転落してしまいました。ドドッ・ゴン！　と体が落ちた音の後に、頭を打ちつけるにぶい音がして、火がついたように大声で泣いたかと思った次の瞬間、泣き声がパタッと止まり全身をけいれんさせはじめたのです。孝さんもマリさんも真っ青になりました。孝さんがそのまますぐにハルナちゃんを抱えて近くのかかりつけの病院に向かいました。近くにハルナちゃんのおじいさん、おばあさんも住んでいたので、すぐに連絡して病院に来てもらいました。

二十四時間体制で地域の救急医療を一手に引き受けている病院だけに、水野さん一家だけでなく何人もの急患が順番を待っていました。それでも、マリさんのただならぬ雰囲気に看護師さんが気付き、すぐに診察室に呼ばれました。ハルナちゃんの呼吸は誰の目にみても異常で苦しそうに喘いでいたのです。

「ベッドから落ちて頭をゴン！　って打ったんです。泣きだしたのにすぐに止まって今度はけいれんしだしたんです」

担当の医師は話を聞きながらハルナちゃんをそれとなく眺めていたのですが、

「頭を打ったって？　本当？　打った痕なんかないけど」

「えっ？」

「だから頭を打ったのなら頭が腫れてたり、瘤ができてたり、血が出たりするけどそんなのどこにもないでしょう？　この呼吸は喘息の発作ですよ！」

医師の意外な発言にマリさんは一瞬耳を疑いました。

「えっ、喘息？　でも、本当にベッドから落ちてゴンって頭を打ったんです。それにその後すぐにけいれんして…」

「まあ、ベッドから落ちたのかもしれないけど、これは喘息発作です。ほら、胸がゼロゼロ・ヒューヒューしてるでしょう。頭なんか打ってませんよ。ちょっとお薬を吸入させれば良くなります…看護師さん、これ、ただの喘息発作だよ！　吸入の用意しておいてよ」

「先生、喘息ですか？　本当に頭を打ったんですよ。私も同じ部屋にいましたから知っています。ゴンっていう音がしてそのあとすぐにけいれんしだしたんです」

今度は夫の孝さんがびっくりして横から口を挟んだのですが、担当の医師は、

「この呼吸音は誰が聞いても喘息だよ！　あなたたちは素人でしょ？　この呼吸音を聞いて喘息じゃないっ！　て言う医者がいたら連れてきなさいよ」

JCLS 88002-168

と頭ごなしに怒るように言ったかと思うと

「まだいっぱいほかの患者さんがいるのだから、これ以上邪魔しないで外に出ていて下さい！」

と言い渡して隣の診察室に消えていきました。看護師さんが吸入の用意をして処置室に現れ、

「はい、赤ちゃんをここに寝かせて下さい」

と機械的に言うとハルナちゃんの鼻と口のあたりに吸入器の湯気があたるようにセッティングをしました。

「中のお薬がなくなったら連絡してくださいね」

看護師さんはそれだけ言うと処置室から出てゆきました。しかし、ハルナちゃんの容態は一向によくならずにどんどんと苦しそうな呼吸に変わっていったのです。マリさんや孝さんの目には顔色がどす黒くなっていくように思えました。駆けつけたおじいさんやおばあさんも

「何か様子が変だよね、もう一度先生に診てもらった方がいいよ」

と心配そうに言いました。マリさんが別の部屋に看護師さんを呼びに行き、

「すみません、何かどんどんと容態が悪くなってるんですけど、もう一度診てもらえるよ

うに先生にお願いしてもらえませんか？　最初に頭を打ったって言ったんですけど頭は何も診て下さらなかったんです。お願いします」
と頼みました。その看護師さんがすぐに様子を見にきて、
「本当ね、呼吸がとてもおかしいわよね。すぐに先生を呼んできます」
と言って医師を呼びに行ってくれたのですが、医師はなかなか現れませんでした。三十分以上も待ったでしょうか。その医師はあきらかに不機嫌そうな顔をしながら現れて開口一番に
「外に出ておけって言っただろう！」
とマリさんたちに罵声を浴びせました。マリさんたちはあまりの対応に言葉を失ってしまいましたが、必死の思いで
「先生、何か変じゃないですか？　お願いですから頭のレントゲンを撮って下さい。お願いします。お願いします」
と頼みました。おじいさん、おばあさんも
「お願いします。お願いします。撮るだけでも撮って下さい。お願いします」
と必死に頼みました。看護師さんもその様子を見かねて
「先生、確認だけでもちゃんとＣＴは撮った方がいいですよ。」

JCLS 88002-168

と助け舟を出してくれたので医師もしぶしぶ、

「じゃあ、頭のＣＴオーダーしておいて！　検査が終わったら写真持ってきて！」

と吐き捨てるように言ってハルナちゃんを一度も診ないまま処置室からプイッと出て行ってしまったのです。看護師さんが少し困った顔をしながらも
「すぐに検査しますからね」

とマリさんたちに言い残してハルナちゃんをＣＴ撮影室に連れて行きました。三十分ぐらい経過してＣＴ室から帰ってきたときに少しおとなしくなったように見えました。顔色は相変わらず悪かったのですが、先ほどまでは喘ぐような呼吸だったのが、一見おとなしそうな呼吸に変わっていたのです。でも、素人の目にもけっしてよくなっているようには見えませんでした。むしろ、ぐったりとしてますます容態は悪化しているように見えたのです。でも、しばらくして現れた件の医師はＣＴ写真を見て言いました。

「ほら見ろ、頭の中には出血もないし正常じゃないか！　だから最初っから喘息発作だって言ってるんだよ！　もう、いいかげんにしてよね！　それに、吸入が終わってさっきより呼吸もよくなってるみたいじゃない。もう大丈夫だよ！」

と言うなりハルナちゃんを抱え上げて、

「高い高い〜」

と揺さぶって、

「はいっ」

とマリさんに返したのです。そして
「様子が落ち着くまで病院にいてもいいけど、落ち着いたら帰ってね！」

と言い残してそのまま二度と処置室にハルナちゃんを診にくることはなかったのです。

しかし、この時の医師の判断は完全な誤診でした。ＣＴ写真には後頭部に限局性のクモ膜下出血が写っていましたし、最初の「喘息」の判断も間違いでした。頭部外傷では頭蓋内出血や外傷性脳腫脹によって脳圧亢進と呼ばれる脳の圧迫症状が生じます。この時、脳の視床下部と呼ばれる部分を介して交感神経が刺激され、カテコールアミンと呼ばれる物質が増加し、肺の血管透過性が亢進して「神経原性肺水腫」という肺の異常を起こして「喘息」のように見える呼吸異常を起こすことがよくあるのです。つまり、医師が最初に「これは喘息です」と言った症状は「頭部打撲」の重要な臨床所見だったのです。マリさんも孝さんもおじいさんもおばあさんも、夜が明けるまでまんじりともせずにハルナちゃんのそばについていましたが、ハルナちゃんはぐったりしたまま一向に目を覚ましませんでした。翌朝、病院の職員が次々と出勤してくる頃、急に喉が詰まったような音がして息が止まってしまいました。

「あっ、ハルナ…！　キャー、誰か助けて！」

マリさんの悲痛な叫び声に病院のスタッフが駆けつけると、ハルナちゃんの息は既に止まってしまっていました。たまたまその場を通りかかった脳神経外科の部長がすぐに気管内挿管をして救急蘇生処置をしてくれたのですが、

「何でこの子はこんな状態になっているんだ？」

との問いにマリさんが
「昨日の先生がここで様子を見とけって言ったんです。私たちは頭を打ったって言ったのに頭の怪我じゃなくて喘息だ！　って」

と答えました。

「えっ？　ちょっとCT見せて」

その脳外科の医師はCT写真を見るなり目をむいて叫びました。

「すぐにもう一度CTの手配をしろ。撮り直しだ！」

マリさんたちは何が何かわからないまま様子を見守っていたのですが、しばらくしてCT検査から帰ってくると、先ほどの脳外科の部長が新しく撮ったCT写真を見せながら、

「原因は不明ですが頭全体が腫れてしまっています。ここでは対処できませんからこのまますぐに救急車で中央総合病院に転送します。救急車には医師が同乗しますので御家族

の方は後で中央総合病院に来て下さい」

と言って転送の準備を始めました。思いもよらない結果にマリさんたちは言葉を失ってしまいましたが、まるで追いやられるかのように中央総合病院の方に行かされてしまったのです。悲劇としか言いようがありませんでした。しかし、本当の悲劇はまだ始まったばかりでした。

搬送された先は高度先進医療で有名な大きな病院で、優秀な専門家が揃っていました。搬送先の病院では当然のごとく何故手当てが遅れたのかが問題になり、小児の放射線科専門医を交えてマリさんたちが必死に頼んで撮影してもらった頭のCT写真と、その後脳外科の医師が指示して撮ったCT写真の比較検討が行われたのですが、この場で放射線科の専門医が搬送時のCT写真を一目見るなり、

「これは典型的なShaken Baby Syndrome（揺さぶりっ子症候群：SBS）の画像よ！　この子は虐待されたのよ！」

と言ってしまったのです。何ということでしょう！　この一言がその後の対応を大きく変えてしまいました。SBSは代表的な児童虐待です。有名な小児の放射線科専門医がSBSって言ったのだからこれはSBSに違いない。すぐに児童相談所に通告して赤ちゃん

JCLS 88002-168

を保護しなければならない！　という判断になってしまいました。ただちに児童相談所の職員が派遣されてきて、児童相談所長の権限によりハルナちゃんは「職権一時保護」の状態に置かれ、孝さん、マリさんは面会禁止となってしまいました。あまりの急展開に孝さんもマリさんもおじいさんもおばあさんも驚愕し、経過を一生懸命に説明したのですが、児童相談所の係官はまったく聞く耳を持ちませんでした。あくまでも有名な小児放射線科の医師がＳＢＳと言ったのだからＳＢＳ以外はありえない！　揺さぶり行為を認めないばかりかいろいろと言い訳をするのは嘘をついているのに違いない！　虐待を行う親は嘘をつく！　このような保護者は悪質なので断固赤ちゃんを保護者の下に返してはいけない！　よく調べてみると父親の勤務先は最近倒産して職業が不安定になっている。父親は以前暴走族をしていた時期がある。きっと粗暴に違いない！　母親にも精神的に不安定な過去があって自殺未遂までしている。カッとなって赤ちゃんを揺さぶったに違いない！　児童福祉法第二十八条の申し立てをして、子どもを親から引き離して、施設に保護しなければいけない！　という判断がドミノ倒しのように次々となされ、ハルナちゃんは両親の元から引き離されてしまったのです。一命を取りとめて少し意識が戻り始めていたハルナちゃんは、両親を求めて泣き叫んでいました。

孝さんとマリさんにとってはまったく寝耳に水の話でしたので、地元の警察に相談し、取り調べも受け、実際に虐待行為や傷害行為を行った形跡があるのか、自宅の捜査もしてもらい、警察は「事件性は認められない」と言ってくれたのですが、児童相談所はまったく相手にしなかったのです。あくまでも有名な小児放射線科の医師がSBSと言ったのだからSBSに違いない！　警察なんかSBSも知らないくせに事件性が無いなんてよく言えたものだ！　という判断で強引に手続きが進められました。しかし、なぜハルナちゃんはSBSと判定されたのか、そのことについての説明は児童相談所からも病院からも一度も行われることはなかったのです。水野さん夫妻にはSBSが何なのか、その説明すら行われませんでした。

SBS（エス・ビー・エス）の基本的な病態は赤ちゃんの頭が強く揺さぶられた時に回転性の穿断力が働いて、脳と頭蓋骨を繋いでいる橋渡しの血管（架橋静脈）が破断され、その血管破断部位から出血して広範な硬膜下出血が生じ、脳に重篤な障害をきたすものです。揺さぶられたときに脳が周囲の頭蓋骨に衝突して脳挫傷を作ることもありますし、回転性の穿断力によって脳の実質がびまん性脳損傷の状態になることもあります。赤ちゃんは揺さぶられるだけでなく最後に床や壁に叩きつけられることもあって、この場合には頭蓋骨骨折や硬膜外出血、頭皮下出血などを伴います。また、強く揺さぶられる時は加害者が赤ちゃんの腕や胸部を強く握って揺さぶることが多いので、上腕骨骨折や肋骨骨折を伴うこともしばしばあります。そもそもＳＢＳにはこのように多彩な所見があり、ＳＢＳであるか否かはそれぞれの所見とその発生機序を詳しく検討しながら判定しなければならず、一枚のＣＴ写真だけでＳＢＳと決め付けるのは本来とてもナンセンスな話なのです。それでも、もしも一つのＣＴ写真のみでＳＢＳを強く示唆する所見を言うならば、それは架橋静脈の破断性出血の特徴を示す所見でしょう。これは通常左右どちらかあるいは両側の大脳半球全体に拡がる硬膜下出血が存在する一方で、頭皮下出血等の頭部打撲を疑わせる所見が無いものを言います。要するに打撲等の外傷が無いのにそのような広範な硬膜下出血が発生するには、打撲以外で何か頭に対して強い穿断力が働く揺さぶり行為が介在しているとしか考えられないから、ＳＢＳが強く疑われるわけです。ただし、この所見もけっして百パーセントの証明力を持つものではありません。ハルナちゃんのＣＴ写真は最初に撮影されたものでは、小さな脳挫傷による後頭部の限局性のクモ膜下出血と、脳の一部の虚血性変化（脳の一部の血液循環がとても悪くなっている所見）が認められるだけですし、続いて翌朝撮影されたＣＴ写真では、脳全体が腫れ上がって頭蓋骨と脳の隙間が無くなっている所見は認められましたが、硬膜下全体に拡がるような出血はどこにも認められなかったのです。つまり、これらは架橋静脈の破断による血管性の出血とはまったく違う特徴の所見で、軽く頭を打った時に軽微な脳挫傷が発生し、その後、外傷性脳腫脹と呼ばれる状態に陥った時によく認められる所見なのです。頭の外傷は他の部位とは異なる特殊な力の伝わり方をするので、タンコブ（＝頭皮下出血）を作らない程度の軽い打撲でも脳挫傷を作ってしまうことがあり、思いもよらない重症になってしまうこともあるのです。しかし、だからと言って即座にハルナちゃんのＳＢＳが否定されるわけではありません。ＳＢＳはさまざまな行動態様によって発生し、所見も画一的なものではありませんから、ハルナちゃんのＣＴ写真を見て何かとても重大な傷害が発生したことを推定し、その鑑別選択肢の中にＳＢＳを入れておくこと事態はけっして間違ってはいないのです。このあたりは少し難しいところかもしれません。要はＳＢＳによる虐待と決め付けるには、もっと慎重に検討して根拠を明らかにする必要があるということです。

では、ＣＴ写真を見てＳＢＳを疑った場合にはどのように鑑別を進めていけばよいのでしょうか？　一番大切なのは外傷発生時の保護者の説明内容を詳細に検証し、外傷発生後の被害者および保護者の状況を詳しく調査することです。具体的方法としては保護者の個別聞き取り調査と現病歴の精査から始めます。複数の関係者がいる場合には口裏あわせが無いように、個別に同じ内容の質問をして各々の説明に矛盾点がないかどうかを調べます。また、外傷が発生した現場に赴いて、現場の計測等を行いながら、保護者の説明する

JCLS 88002-168

事故の発生状況が具体的にどのようなものであったのか、再現しながら検証を行い、医学所見と見比べながら物理的に不合理な状況がないかどうかを確かめます。さらに、事故が発生してからどのような処置や対応がなされ、症状がどのように変化していったのかを時系列を明らかにしながら検証することも大切です。法医学の分野では複数要因の関与する事件（たとえば交通事故で複数の車に連続して轢かれた事件や一人の殺人事件において異なる犯人による殺害行為が競合する場合など）は、しばしば経験されることであり、何が最悪の事態をもたらした要因なのかを調べることはとても大切な作業なのです。また、赤ちゃんと親とのスキンシップのあり方をよく見て、子ども、あるいは逆に保護者の方が相手を避けようとする仕草が見られないかどうかを観察することも大切です。保護者が虐待行為を行っている場合は、赤ちゃんが親に対しておびえた表情を見せたり、保護者もどことなく赤ちゃんに対してよそよそしく、接触を避けようとする傾向が認められます。多くの虐待行為は加害者と被害者が二人きりの状態の時に発生しており、加害者は原因説明の際に必ずといってよいほど、外傷の原因をすべて子どもの責任にして、自分たちには何も責任がないような説明を行う傾向も認められます。

では、この事件をそのような視点から検証してみましょう。私たちはまず子どもの生育状況から観《み》てゆきます。ハルナちゃんは満六ヵ月を過ぎた女の赤ちゃんです。正常出産でこれまでとくに大きな問題もなく一ヵ月健診、四ヵ月健診でも何も問題を指摘されていません。栄養状態も正常ですし、首が座って最近興味のある方へ手を伸ばしたり、ハイハイで近づいていくというのも月齢相応のまったく正常な発育状態であるということができます。健診では打撲の痕や不審な傷などは一度も発見されていません。これらはこれまでの保育状況に、継続的な虐待をとくに疑うべき状況がなかったことを示しています。さて、水野さん夫婦はそのような活発に動く赤ちゃんが、ベッドの上で遊んでいて勢いよくマリさんの鏡台の方にハイハイで近づいてきて、鏡台の上にあった香水のビンに手を伸ばそうとして鏡台とベッドの間の隙間に滑り落ちた、と訴えました。私は実際に事故の発生した現場に行きその状況を確かめました。部屋の大きさやベッドの大きさ、高さ、鏡台とベッドの距離、鏡台においてある香水や化粧品類の配置等まで、メジャーで計測しながら詳しく調べました。これは本来児童相談所が行う業務なのですがこの事件では児童相談所はまったくそのような調査を行っていません。水野さん夫妻が言うには、児童相談所は家には来たがグルッと部屋の中を見回しただけで何も測ったり状況を調べたりせずに帰ってしまったと言うのです。

さまざまな角度から現場の検証を行ってみましたが、水野さん夫婦の話に矛盾するような状況は見当たりませんでした。つまり、現場検証の結果としてハルナちゃんがベッドの

JCLS 88002-168

上でハイハイをして誤ってベッドから転落する可能性は否定できないのです。ハルナちゃんが転落した現場の床は比較的硬いフローリングでした。「ドドッ・ゴン！　と音がした」というのはまず脚〜胴体の部分が着地して、次いで頭を打ち付けたものと思われます。これは足を滑らせて転落した、という状態に一致する落ち方でもあるのです。たとえば頭から落ちれば「ゴン！　といってからドン（もしくはドスン）！」という表現になるはずですから、この点でも矛盾はありません。その後、一瞬火がついたように大声で泣いたかと思うと急に泣き声が止まって全身をけいれんさせた、と表現しました。これは頭部の打撲が頭蓋内の脳に影響を及ぼして脳震盪の状態になったものと考えられます。この脳震盪がびまん性脳損傷や神経原性肺水腫の原因になった可能性も十分に考えられます。あるいは後のCT写真から判断すると脳の一部が頭蓋骨と衝突して脳挫傷も発生していた可能性があります。つまり、ここまでの事件発生状況を医学的に検証すると、すべてが合理的に説明されていることがわかるのです。通常、医学の素人が症状を説明する場合には医学的な合理性とは無関係に説明をするので、作り話や嘘があれば法医学者はさまざまな矛盾点を指摘することができます。しかし、この事件ではそのようなことは一切ありませんでした。最初の病院に駆けつけたときの症状も、まさに頭部打撲の赤ちゃんが示す典型的な臨床症状がそのまま表現されており、脳神経外科の専門医が診察にあたっていればその重篤性にただちに気がついたことでしょう。ところが、診察にあたった医師はその臨床的意義がわからないまま「喘息！」という判断をして喘息の治療を開始してしまったわけです。結果から考えてもこれは明らかな誤診なのであり、翌日の朝に脳外科の部長が診るまでは、完全に間違った診療が行われていたことが、病院の診療録からも水野さん夫妻の話からも明らかでした。症状が重篤化したのはまさに不適切な医療行為が原因だったのです。神経原性肺水腫の状態なのに適切な呼吸管理もびまん性脳損傷や外傷性脳腫脹に対する適切な治療も行わなかったために脳はどんどんと腫れあがってしまい、挙句のはてに脳の循環不全と呼吸不全による低酸素脳症が重なり合った状態に陥ってしまったのでした。総合病院の小児放射線科専門医が見たCT写真は、まさにそのような経過を持ったものだったのです。それなのにその医師は自信たっぷりに「これは典型的なSBSの写真よ。この子は虐待されたのよ！」と言ってしまったのです。

ところで、悲劇のもう一つの原因は児童相談所の能力不足にありました。児童相談所は何が起きているのかほとんど情報が得られない家庭内の出来事を、いろいろと推測しながら子どもの保護にあたらなければなりません。しかし、子どもを保護する場合には当然ながら正当な理由が必要となります。明らかに全身があざだらけのような子どもならばともかく、SBSのように体の表面にはほとんど目立つ傷がなく、また乳児であるために赤ちゃん自身から詳しい説明を聞き取ることができないような事例では、何らかの「お墨付き」がなければ保護に動くことはできません。とくに虐待対応の現場では「保護者は嘘をつく」という前提で対応するように係官はトレーニングされていますから、保護者から一応の事情聴取は行うものの、それを鵜呑みにすることはできない事情もあります。その中で有力な「お墨付き」となるのが医師の診断結果なのです。とくに、医師が医学的所見を根拠に「虐待の疑い」といった場合には、児童相談所はその意見を極力尊重して安全策を考えなければなりません。そのような状況の中で、まず子どもを保護して安全を確保することは現在の社会情勢の中ではやむを得ない部分もあります。医師が「虐待の疑い」と言っているのに児童相談所が勝手に「虐待ではない」と判断して保護を行わず、不幸にも虐待の再発や死亡事故が発生すれば、児童相談所の対応が社会から轟々と非難されることは免れないからです。しかし、「虐待の疑い」として通告を受けた事例が本当の虐待事例なのかあるいは単なる事故であったのかについては、子どもを保護したあとに十分に調査・検証がなされなければなりません。先ほども述べたように外傷の発生から保護に至るまでの経過を詳しく分析し、現場検証を行い、保護者の申し立てる内容と医学的所見や調査結果に実際にさまざまな矛盾点が存在するのか、あるいは保護者の外傷発生についての意識がどのようなものであるのか、自罰的か他罰的か、子どもと向き合う態度はどのようなものであるか、あるいは子どもが保護者に遭った時にどのような態度をとるのか、等が詳細に検討されなければならないのです。ところが、現在の児童相談所には調査権があるにもかかわらず調査の専門研修を受けた係官はほとんどいないのです。つまり、「虐待の疑い」の通告を受け、子どもを保護した後に実際に虐待事例であったのか否かについての検証を行おうにも、何をどのように調べて、どのように客観的に証明していけばよいのかがまったくわかっていないのが現実なのです。ですから水野さんの事件でも児童相談所の係官は家庭訪問は行いましたが、部屋の中に入ってきてざっと家の中を見回しただけで、何も計測せずに、何も再現せずに帰ってしまったのです。そして「虐待」と決め付ける根拠の一切を「これは典型的なＳＢＳのＣＴ写真よ」と言った医師の診断だけに丸投げしてしまいました。

水野さん夫妻はあらゆるツテを頼って医師の診断の矛盾性を証明する努力を行い、私のところに相談に来られました。私は独自にそれまでのすべての医療記録を精査し、現場検証を行い、水野さん夫妻の話を個別に聴取しました。水野さん夫妻はハルナちゃんがベッドから落ちた事故をとても悔やんで自罰的になっていました。

「私が落としてしまったようなものです」

「僕がちゃんと見ていなかったからいけなかったんです」

すべての調査結果をふまえて、私は本件はＳＢＳというよりもベッドからの転落事故によるびまん性脳損傷の可能性が高いこと、初期医療にあたった医師の医療過誤がハルナちゃんの症状を重篤化させてしまったこと、ＳＢＳに特徴的な架橋静脈の破断性出血は確認できないこと、等を意見書にまとめて児童相談所に提出しました。ところが、児童相談所は「面子を潰された」と感じたのでしょうか、別の有名な専門家から「ハルナちゃんはＳＢＳである」とする意見書を取り寄せて裁判所に提出してきたのです。しかし、その専門家は一度も現場検証を行わず、子どもを診察することも、水野さん夫妻から直接話を聞くことも行わず、ただ単に児童相談所からの報告書と問題となったＣＴ写真のみを検討し、欧米の文献を引っ張り出して「このような事例はＳＢＳなのだ！」と強引に主張するだけでした。私は弁護士を通じて何度も児童相談所とその専門家に対して私がＳＢＳではないと判断した根拠を直接お会いして説明させてほしい、もしも私の意見におかしな部分があれば是非そのことについても指摘して頂きたいとお願いしたのですが、児童相談所は一切そのことに耳を貸そうとしませんでした。

専門家の意見が真正面から対立したハルナちゃんの審判（家庭裁判所の裁判のこと）は完全に膠着状態に陥ってしまいました。一つ救われたのは、家庭裁判所の審判官（裁判官）が「本件についてはいま虐待であるか否かの判断は行わず、重い障害を負っているハルナちゃんにとってどのような援助を行っていくのが一番よいのかを考えるようにしましょう」と言って現実的な対応をとり、しばらく処分を保留しながら経過観察を行うべく関係者を説得したことです。障害克服のためのリハビリテーション施設を選定し、家庭復帰に向けたプログラムを策定し、その中で水野さん夫妻とハルナちゃんの動きを見守ることにしたのです。一年以上の期間の間、水野さん夫妻は本当に懸命な努力を行いました。面会は一度も欠かすことなく出かけ、面会時にハルナちゃんが本当にうれしそうに水野さん夫妻に接している姿も確認されていきました。重篤な障害を負っていたハルナちゃんもリハビリテーションの成果が現れてどんどんと回復していきました。一年強の期間は水野さん夫妻にとっては何百年にも感じられる長い時間でしたが、その期間の観察により水野さん夫妻の虐待行為の疑いは少しずつ消えていき、ハルナちゃんが満二歳の誕生日を迎える頃、児童相談所が申し立てていた児童福祉法第二十八条の申し立ては裁判所から正式に却下されて、ハルナちゃんは無事水野さん夫妻のもとに帰ることができました。一家にとっての長い試練の期間でした。

さて、この事件は虐待対応にかかわるきわめて難しい問題点を呈示しています。それは「虐待と決め付ける根拠の曖昧性」と「児童相談所の対応能力の限界」です。虐待問題に熱

JCLS 88002-168

心に取り組んでいる学者や実務家の一部には、虐待行為が行われているというある程度の心証が得られれば「虐待事例」として積極的に介入して子どもを保護するべきだ！　と主張する人がいます。私自身も傷害の程度や栄養状態が重篤で、緊急性を要する事例の場合には、とりあえず一時保護をかけてまず子どもの安全確保を行うべきであると考えています。しかし、その後の対応はあらゆる面から慎重に行うべきであり、保護すべき説得性のある説明を行うことなく、保護者の同意も得ないまま、無理やり親子を引き離すような措置をとるべきではありません。少なくとも保護者に対する詳しい説明は絶対に欠かすべきではないでしょう。大阪府と堺市では医学的な問題については、必ず医師の委員が直接保護者と面談して、医学的にどのように考えられるかを説明するようにしています。

積極的な子どもの保護措置を主張する人たちの論理は「命あってこその人生なのだから生命の安全が確保されていれば多少の誤った判断は仕方がない」というものです。しかし、果たしてそうでしょうか。私にはこのような考え方は行政側の責任回避的な視点でしかないと思えるのです。たしかに子どもの生命の安全は担保されるので児童相談所や行政の責任が問われる事態は回避できるのかもしれません。しかし、万が一その事例が虐待事件でなければ、子どもを親から無理やり引き離すというのは、その保護措置自体が子どもにとっては「虐待行為」になってしまうのです。一番大切なのは子ども自身の視点に立つことなのであり、大人の都合で物事を押し進めるべきではありません。実際問題として虐待行為によらない事故や医療過誤の結果が「虐待」と決め付けられて誤った対応のなされている事例はこの事例だけでなく、何例も経験しています。そしてそれらの誤った対応がなされている事例の共通点は、どれ一つとして説得力のある説明や検証がなされていないところです。このような誤った対応は、子ども自身にとっても虐待行為が疑われた保護者にとっても重大な人権侵害になる、という視点も大切なのではないでしょうか。

JCLS 88002-168

パパの絵

「パパ、お誕生日おめでとう！　プレゼントにパパの絵描いてあげる」

私には娘が一人います。私が四十歳の誕生日を迎えた頃、娘はちょうど五歳でした。その時に描いてくれた絵がこれです（巻頭カラー参照）。どうです、見てください！　パパの絵を描いてあげるって言ったのにパパはチョコンと小さく顔だけが描かれています。それに対して一番大きくドーンと描かれていたのはなんと自分の姿！　実に画用紙の半分近くも使ってでかでかと描いています。次に大きいのは「ママ！」、肝心のパパはどこにいるのか探さなければわかりません！　でも、これってそのまま我が家の勢力地図を忠実に表しているんですよね。

「ウチで一番偉いのは、ワ・タ・シ‼　次はママで、パパはこれだけだよ～ん！」

ああ、毎日骨身を削って家族のために働いているのにこの存在感の無さ。何て悲しい現実なんでしょう。でも仕方ありませんよね。パパはあまり家にはいないのだから…。

子どもの絵はよく見るとさまざまなところに細かいメッセージや暗号がこめられています。私は娘がこの絵を描く時に横で見ていたのですが、面白いことに気付きました。娘は白い画用紙を前にした時、そこにいきなり絵を描くのではなく、色つきのサインペンで画用紙全体に色をつけだしたのです。

「何してるの？」

「だって真っ白な画用紙って面白くないんだもん。だからいろんな色をつけてからお絵かきするの。その方が楽しいでしょ！」

「ナルホド！」

何となく画用紙全体が色づいてから、ようやく人物を描き始めました。一応、パパの絵なのでパパを最初に描き始めたのですが、パパは顔だけ。でも、特徴はよくとらえています。左前に横わけにしている髪の毛と、小さな目は私の顔のポイントであるに違いありません。次にママの絵を描き始めました。ママはパパよりは大きく描かれています。そしてなぜかパパは顔だけなのにママの絵には胴体も足もついていて衣服もちゃんと着ています。ママは黒い洋服が大好きなので、黒いブラウスとパンツが正確に描かれています。顔を見ると私よりもかなり大きな目が描かれていますが、確かにママは目がパッチリと大きいのでその特徴をよく捉えているわけです。

なかなかやるじゃん！　と感心していると今度はとても大きな人物を描き始めました。

「それ誰なん？」

「レイカやんか！」

「レイカ、パパよりも大きいの？」

「いいでしょ、別に！」

「…」

「パパは目がちっちゃいけど、ママとレイカは目がパッチリと大きくてかわいいでしょ？ヘッヘ～」

と言いながら、パパの四倍ぐらいも大きな顔に大きくてパッチリとした目を描いています。やがて服にもさまざまな模様をつけたかと思うと、髪の毛にたくさんのリボンを描き始めました。ママの髪の毛にもリボンをつけ、さらに画用紙の空いているスペースにタンポポの絵を描いたり「おじぎそう」「ひやしんす」など、絵が上手に描けないものについては文字を書いてスペースを埋めて仕上げにかかっていきました。やがて「ぱぱ、おたんじょうびおめでとう」「なかよしかぞく」と書いて
「ハイ！　どうぞ」

と手渡してくれたのです。親バカ丸出しですが、画用紙いっぱいを使ってのびのびとカ

JCLS 88002-168

ラフルな絵を描いてくれたことに感激してしまいました。でも、よ～く見てみると、なぜか私の小さな目から水玉模様が飛び出しているではないですか！

「これ何？」

と聞くと娘はニヤッとして、

「パパ泣いてるねん」

「え～っ？　何でパパ泣いてるの？」

「そこにちゃんと書いてあるやんか！」

「ん？」

ナルホド…よ～く見ると何か私の口元にふきだしがついています。

「としとた（年取った）」「またとしとた（また年取った）」

げげっ！　私が四十歳になって「歳とった、歳とった」と言って嘆いている姿をしっかりと捉えて戯画化してしまっているのです。これには大笑いしてしまいました。

子どもの絵は、このように一見無茶苦茶なように見えても、その時々に置かれている環境や状況をきわめて細かく観察し、子どもの心理状態を忠実に表していることがよくわかります。この絵を少し心理面から分析してみましょう。

まず、絵の全体の構図として画用紙全体を使ってのびのびと絵を描いていることから、子どもが心理的に萎縮した状況ではなく、のびのびと外の世界に向かって心を開いている状態であることがわかります。非常に多彩な色彩を使用しているところからは、外界のさまざまな変化を感受性豊かに受け止めて、自らの内面に素直に投影していることがうかがえます。とくに絵の描き始めの段階で「白い画用紙は面白くない」と言って画用紙に色をつけ始めたのは心理状態が空虚なものではなく、とても充実していることを示しています。絵の細かな部分での一番大きな特徴は「リボン」「タンポポ」「ヒヤシンス」「おじぎそう」などこの子の好きなものが画面いっぱいに散りばめられていることです。これはこの子の内面が好きなものや楽しいもので満たされていることを示しています。私の誕生日は十一月十日なので、晩秋～初冬の季節なのですが、「タンポポ」だの「ヒヤシンス」だのといった春や初夏の花が描かれているのが大切なポイントです。ここで

「お前の頭の中では秋にタンポポやヒヤシンスが咲くんかい！」

などと突っ込んではいけません。季節に関係なく自分の好きな時節や事柄が、いつでも自由に頭のポケットから取り出せることがとても大切なのです。最後に「なかよしかぞく」と書いてくれました。大好きなリボンやお花に囲まれて、家族がいつまでも仲良く暮らせるように、という万国共通の子どもの願いを端的に表したのでしょう。

ところで、この絵には児童虐待の診断を行う際に参考にすべきとても重要な暗号が隠さ

図1　（チャールズ・フェルゼン・ジョンソン医師提供）

JCLS 88002-168

れていました。ここで六歳のある少女（米国人）が描いた自画像を一枚見てみましょう（**図1**）。

この絵を描いた子はいわゆるネグレクトの状態に置かれていました。両親はすでに離婚してシングルマザーによって育てられているのですが、その母親には最近新しい彼氏ができました。二人はこの子を一人ぼっちで家の中に取り残したまま、何時間もデートに出かけて帰ってきません。子どもの食事の用意もおざなりになり、あまり掃除もされていない、ごみだめのような家の中からふらふらと夜の街の中に出て来てさまよい歩いていたところを保護されました。少女はとてもお腹をすかせていました。保護施設で暖かな食餌を与えられ、暖かな布団で一晩ぐっすりと休んだ翌日に描いたのがこの絵です。

画用紙の半分以上が空白のまま残されており、自画像の横にはこの絵を彼女が描いたときに言った言葉、

[Angry, What happened to me（私は怒ってるんだから！）]

が試験者のチャールズ・フェルゼン・ジョンソン博士によってメモされています。自分を放ったらかしにして、ボーイフレンドと遊びに行ってしまった母親に対して怒っているのだと思われます。画用紙の半分以上が背景もなく空白のまま空いているのは、この子がきわめて空虚でさびしい心理状態に置かれていることをうかがわせます。外界に向かって

ナルシストの目　図2　戦う戦士の目

心を開くこともなく、外界のさまざまな変化を感受性豊かに受け止めることもできていません。お腹がすいて、ひもじくて、たった一人で必死に生きていこうとする姿です。とても怖いのは自画像に描かれた少女の顔です。目をカッと見開き、歯を剥き出しにしているのです。この目をカッと見開いた姿は人間の交感神経が緊張している状態、つまり、とても怒っている状態を医学的に示しています。そして歯を剥き出しにする、というのはどのような動物であっても敵意を剥き出しにして、相手を威嚇する表情であるといわれています。つまり、目をカッと見開いて歯を剥き出しにしている表情というのは、そのままこの子が周囲に対して剥き出しの敵意と怒りを表していると捉えることができるのです。

さて、ではパッチリかわいいお目目とカッと見開いて相手を睨みつける目は子どもの絵ではどのような違いで表現されているのでしょうか。ポイントは〝まつげ〟にありま

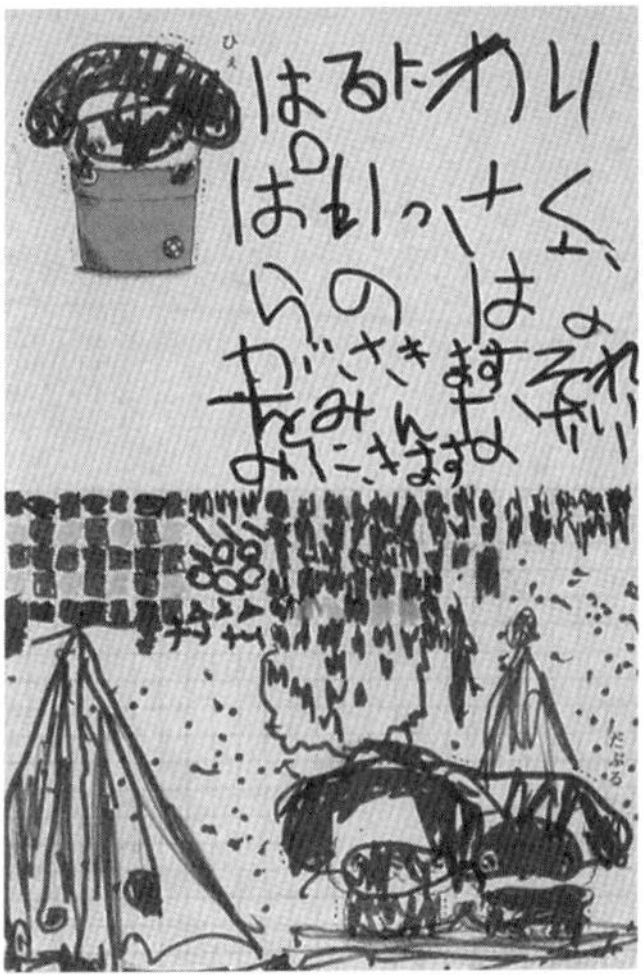

図 3

した（**図2**）。左側は私の娘が描いたパッチリとかわいいお目目、右側は、ネグレクトの被害に遭っていた米国の少女が描いたカッと睨みつける目です。パッチリかわいいお目目はまつげがすべて目の内側を向いているのに対して、カッと睨みつける目はすべて外側を向いているのがおわかりになるでしょう。これを心理学の専門家に分析してもらうと、まつげが内側を向いているのは「ナルシスト」の目、外側を向いているのは「戦う戦士」の目であると言われました。とてもわかりやすい表現だと思います。

　内側に向いたまつげを描いた私の娘は「ママも私も目がパッチリとしてかわいいでしょ?」と言って自分の容姿に酔っ

ています。一方、外側に向いたまつげを描いた少女は「私怒ってるんだから！」と周囲に剝き出しの敵意を顕わにしました。このように、子どもの絵は顔の一部分を比較するだけでもその置かれている状況や心の内面がわかる場合があるのです。

人物像でない絵を見て、子どものおかれている状況がわかる場合もあります。**図3**は私の娘が五歳の頃描いた絵で、絵画描画試験の中の「Draw a nice place test（好きなものを描いてみよう試験）」という試験の結果です。この絵も画面一杯を使ってさまざまなものを表現し、色使いがとてもカラフルで、構図が細かいことがわかります。そしてそこに書かれている説明に大きな特徴が出ています。

「はるにわいぱっいっさくらのはながさきますそれをみんながみにきます（春にはいっぱい桜の花が咲きますそれを皆が見に来ます）」

と書かれています。「いっぱい」を「いぱっいっ」と書くのは、この時期の子どもがなぜかよくする倒置言葉の特徴で異常ではありません。この絵を解説すると、画面全体に花や植物をうかがわせる構図が散りばめられている絵に「春」「桜の花がいっぱい咲く」「大勢の人が見に来る」という「季節」「背景」「社会的動静」が説明されており、絵全体の統制と調和がとれていることがうかがえます。さらに「春」という暖かな季節に「桜の花がいっぱい咲く」という華やかな心象風景は、子どもの心理状態がぽかぽかと暖かで美しいものであることをうかがわせますし、「大勢の人が見に来る」という言葉は、自分のことを大切に扱ってくれる人が周囲に大勢いることを認識しているものと解釈できます。

一方、幼いころから性的虐待の被害を受けてきたある五歳の少女に「何でも好きなものを描いてみて」と言って絵を描いてもらった時は、最初、その少女はなかなか描こうとしなかったので、私がまずどのようなものが好きなのかいろいろと本人に尋ねて「すべりだい」「ほいくえん」「みかん」「ももといちごのあいすくりーむ」が彼女の好きなもののキーワードであることがわかりました。絵を書く時のストーリーとして「保育園の中ですべりだいで遊んだり給食で出てくるみかんやももとイチゴのアイスクリームが好き」という背景が見えたので、そのことを描いてもらおうとしたのですが、「すべりだい」「みかん」「ももといちごのアイスクリーム」はいずれも枠で囲まれた「ほいくえん」の枠の外に、各々別個にとても小さく描かれており、それぞれの絵を描いている時に他の状況についてまったく意識が向いていないことがわかりました。この少女の場合は、保育園をイメージして絵を描いている時であってもその保育園の中に楽しい「すべりだい」の存在やおいしい「みかん」や「ももといちごのアイスクリーム」の存在は意識されておらず、保育園はただ単に一時的に彼女を閉じ込めておく囲いと建物としか認識されていません。このことは色使いにもはっきりと出ており、「すべりだい」「みかん」「ももといちごのアイスクリーム」といった個別に好きなものについては明るい配色の色鉛筆で描いたのに対して「ほいくえん」は唯一「黒」で描きました。この子に好きな色と嫌いな色を尋ねた時に、彼女はピンク色やオレンジ色を好きな色としてあげたのに対して黒を嫌いな色にあげました。つまり「ほいくえん」そのものが好きなのではなく、あくまでも「ほいくえん」の中で出てくる「みかん」や「ももといちごのアイスクリーム」あるいは「すべりだい」での遊びが単発的に好きなことがわかります。

一方、「ほいくえん」も「みかん」も、その他のものも、ほぼ同じ大きさで描かれており背景がまったく描かれていないことからは、心の内面が空虚で、豊かな感受性を持って外界の空間認識を行うことができていないことがわかります。このことはこの子どもの意識がとても内向的で、自分を取り巻く環境との接触を避けているか、あるいはそのような接触が抑制されている状態を表しているのです。この子は実に乳児期（満三ヵ月頃）から父親により性的虐待の被害に遭っていたことがわかっていますが、子どもが大きくなって言葉を話すようになるにつれて、父親はこの子に対して「口止め」をするようになっていました。父親と二人きりの時に「やめてほしい」いやなことをいろいろとされ、しかもそのことを「誰にも言ったらいけない」と呪文のように言い続けられた結果が、このような抑制状態をあらわす絵を描かせる原因になったものと思われます。

JCLS 88002-168

何気なく子どもたちが描いた絵、その構図、色使い、表情、背景の一つ一つに、子どもの心の内面や置かれている状況を示すメッセージや暗号が込められており、私たちはこのような子どもの絵の特性も児童虐待の診断に利用しています。

コラム・たたいてはいけません（しつけという名の児童虐待）

「子どもに対するいかなる暴力も許してはいけない」

これは私が研修を受けたコロンバス小児病院のチャールズ・フェルゼン・ジョンソン教授が繰り返し私たちに言われた言葉です。丈夫に良い子に育ってほしい、という思いは全世界のすべての親に共通した願いであり、親や保護者はそのために涙ぐましい努力をしますが、けっして親の思い通りに育ってくれないのが子どもです。赤ちゃんの時から訴えの不明な泣き声に悩まされ、その後も断乳、トイレット・トレーニング、反抗期等々、発育・成長の過程には親を悩ます多くの関門があるだけでなく、子どもはさまざまな病気にかかったり、怪我をしたり、と親の気が休まる暇がありません。それらに多大なストレスと喜びを感じながら、親も子も共に成長してゆくのが子育てのすがたであ

JCLS 88002-168

り、醍醐味でもあるに違いありません。その中で親は子どもを叱ったり、罰を与えたりしながら子どもをしつけてゆくのですが、この「しつけ」が虐待の現場ではしばしば問題になります。私もそうですが、ほとんどの人は小さい頃、親に怒られて叩かれた経験があるのではないでしょうか。

「ごはんなんか食べなくていい！」

と言われて「飯抜き」の憂き目に遭った人も少なくないでしょう。そして、自分が親になった時、子どもの頃はとても恐くて嫌だったはずのことでも、自分がされたことと同じことを子どもにしている人は、とても多いのではないかと思います。子どもの頃には理不尽に思ったことでも、立場が変わればいつしか正当化されてしまっているのです。

「子どもが悪いことをした時には叩くのが当たり前だ」

「最近は学校で先生が生徒を叩かなくなったから生徒になめられるのだ！」

このような話もしばしば聞かれます。古来、世界中のあらゆる地域で「痛み」を伴う暴力行為が「しつけ」や「試練」や「刑罰」の手段として用いられてきたのは事実で、文化的にそのような行為を認めてきた部分があるのかもしれません。しかし、人類の文明が発展するにつれてそのような「痛み」を伴う行為は徐々に否定されるようになってきました。そして、「試練」は別として体罰と呼ばれる「しつけ」や「刑罰」について言えば、体罰や極刑が少なくなることによってけっして凶悪犯罪や悪い人間が増えたわけではなく、理性が支配する地域の方が力で支配される地域よりも犯罪発生率が少ないことも明らかになっています。つまり、体罰はけっして人々を良い方向には導いていないのです。

「頭や腹部は叩いてはいけないけど、お尻や手を少し叩くのは構わない」

こういう主張もしばしば聞かれます。しかし、これではどこまでならば叩いてもよいのか、どの程度の強さまでならばよいのかがわかりません。実際に虐待を受けた事例を調べてみると、保護者も初めは軽く叩いていたつもりが、いつの間にか歯止めが利かなくなって無茶苦茶な暴力になってしまっていた、という事例が少なくないのです。「飯抜き」だって最初は一食だけ抜くつもりだったのが、やがては何日も食べさせない状態になってしまうのです。このように体罰は知らぬ間にどんどんとエスカレートしてしまい、気がついたときには子どもは悲惨な状況に陥ってしまっています。だからこそ、子どもに対するすべての暴力行為を否定しなければならないのです。

JCLS 88002-168

「しかし、それでは子どもはしつけられない」

きっとこういう人がとても多いに違いありません。確かに痛みを伴う暴力や大きな声での叱責は一時的に子どもの悪戯を停止させるには効果的な方法であるに違いありません。しかし、このような方法は子どもの内面が不服従なまま行動のみを制限するだけで、子どもはけっして本質的に矯正されていないのです。本質的に矯正されていなければ、子どもは何度でも同じことを繰り返し、そのことがさらに親のストレスを増加させ、さらなる体罰を誘導してしまいます。大切なのは子どもの正常な成長過程を知り、子どもが何を考えているのかを知ることなのです。つまり、子どもの立場に立って物事を考える、「思いやり」こそが子どもを良い子に育てるための最大のキーポイントであることを知って頂きたいと思います。しかし、核家族化が進み、家庭内に多くの子育てをした経験のあるベテランがいない現代社会では、子どもが何を考えているのかを知ることも、正常な成長過程を知るのも難しいことであるに違いありませんし、何よりも毎日毎日同じ過ちばかりを繰り返す子どもを前にして、保護者が過大なストレスを抱えてバーンアウト寸前になってしまっている状況もけっして少なくないと思われます。とくに離婚率が急速に進んでいる現代では、片親家庭となって母（父）親が一人ですべてを抱え込んで悩んでいる例がとても多くなっています。このような親に対して自己努力だけで事態の改善を求めるのは倫理的にも実質的にも不可能を強いることになり、現実的ではありません。親の負担を軽減させるために社会の強力なバックアップが必要なのです。

具体的には行政レベルで保育園や乳児院などの一時保護委託施設の充実を図って親が育児から解放される時間を確保することがもっとも効果的でしょう。さらに、保育士による育児への助言や保健師による訪問指導によって常に親子を見守っている態勢を整備し、親子がその見守りと負担の軽減を実感できるような工夫が必要です。子どもがケガや病気にかかった場合は親の不安が極度に高まります。病児保育のシステムを早急に整備する必要があります。我が国では少子化問題が深刻な社会問題となっていますが、これらの保育施設や病児保育のシステムを積極的に整備している地域は、明らかに出生率が高くなっていくことがわかっています。つまり、国を発展させ豊かにするためには親と子をともに社会全体で支えて育てる具体的な工夫が必要なのです。

でも、現実として子どもは優しく言い聞かせただけではけっして言うことを聞きませんよね。

「じゃあ、どうやって怒ればいいの？」

これは当然の素朴な疑問だと思います。ジョンソン先生はこうも言われました。

「押入れ（クローゼット）に十分以内閉じ込めるのはOKだよ。でも、三十分以上閉じ込めたら虐待（監禁）になる。十分以内閉じ込めるときでも必ず押入れのそばで時間を計って見守っていなければダメだよ！」

このあたりが「しつけ」による罰の限界なのかもしれません。我が家の娘は大きくなった今でも押入れが大嫌いだそうです（笑）。

JCLS 88002-168

あとがき

それは児童虐待防止法が新たに制定される直前のことでした。もう法医学から足を洗って外科医としての診療に専念しようと考えていたある日、旧知の岩佐嘉彦弁護士から緊急の電話がかかってきたのです。話をするのは実に十年ぶりでしたが、深刻な様子が電話の語り口からすぐに伝わってきました。

「ひどい火傷で虐待事件やと思うんですが、原因がわからへんのですわ。どうも親の言うてることと矛盾しているように思うって主治医の先生も言ってはるんですけど、法医学的にどんなもんか診てくれませんか」

米国でジョンソン先生の研修を受けてから十年が経過し、その成果を活かす機会も無いまま児童虐待の問題からは遠く離れた立場になっていました。ひょっとすると米国研修の成果を活かすたった一度の経験になるかもしれない、そう思いながら岩佐弁護士の要請を受けることにしました。それは、本当にひどい火傷でした。忘れかけていたジョンソン先生の診察法を思い出しながら外傷の観察と記録、そして児童の問診、保護者の問診等を時

JCLS 88002-168

間をかけて順番に行い、凶器の推定を行うと共に保護者の説明の矛盾点を何とか明らかにしてゆきました。自分で言うのも変な話ですが、ある意味であまりにも鮮やかに処理できてしまったのです。その様子をじっと見ていた児童相談所の担当ケースワーカーの人たちが、診察と説明を終えた後にドッと多くのファイルを目の前に持って来ました。

「先生、これはどうですか?」

「これは何が原因でしょう?」

「これは事故ですか?　虐待ですか?」

目の前に積み上げられたファイルを見てその数の多さにびっくりすると共に、現場で法医学的な視点がまったく取り入れられていない現実を知って愕然としたのです。

「まだ、法医学に遣り残した仕事があった……」

これが、十年のブランクを経て再び児童虐待の現場へと戻ることになったきっかけでした。虐待が疑われる児童を虐待事例として保護するには、その児童が虐待行為を受けている事実が明らかにされなければなりません。目の前で子どもが殴り倒されたり縛り上げられたりする現場にいればもちろんすぐにわかるのですが、多くの虐待行為は人の目につかない場所で行われ、保護者はその事実を隠して嘘を言います。そして幼い子どもたちはその事実を的確に説明したり伝えたりすることができません。悲しいことに虐待行為を受け

JCLS 88002-168

た子どもたちの多くはそのことが虐待であるとは夢にも思っておらず、悪いのは自分自身だと言って保護者の行為をかばうことすらあるのです。多くの事例が虐待であることの決め手が無いまま有効な対応ができずに放置されていました。子どもたちを救うために客観的な証明が必要とされているのは明らかでした。

大学院生時代に阪大法医学教室で経験した児童虐待の事例はすべてが死亡事例で、想像を絶する悲惨なものばかりでした。当時の私が児童虐待に取り組んでいた原動力は、まさに、このような非人間的な行為に対する「怒り」以外の何ものでもありませんでした。しかしまだ若く、社会的経験も浅かった当時の私はとてもその悲惨さに耐えることができず、児童虐待の現実から逃げるように研究の軸足を乳幼児突然死の研究へと移していきました。ところが、皮肉なことに疾病としての乳幼児突然死を解明しようと十五年かけて取り組んだ研究の成果は、どれも乳幼児の突然死が疾病ではなく外因死であることを示唆する結果となってしまったのです。岩佐弁護士からの電話はまさにこのようなタイミングの時にかかってきたものでした。それでも、やがてＳＩＤＳという隠れ蓑を纏った虐待症例に次々と出会うことになるとはこの頃は思ってもみませんでした。自分自身の意思をはるかに超えた運命的なものを感じずにはいられません。

阪大法医学教室時代からこれまでに私自身が診断に関わった児童虐待の事例は三百例を

超えました。多くの事例を経験して被害者、加害者の双方に接する中で、いつしか私自身の「怒り」の矛先は「加害者」から「子どもを育む社会」へと変わりました。子どもが虐待に遭っている多くの家庭で、親は社会からネグレクトされています。それは言い換えれば社会がその親子を虐待しているということと同じことなのです。

「子どもはもちろんのこと、親も救わなければならない」

これが現在の私の強い思いです。

本書を著したのは某大手出版社の編集者Aさんが二〇〇五年二月二十日に全国放映された「NNNドキュメント05、児童虐待：監察医がみた傷痕（読売テレビ放送制作・堀川雅子ディレクター）」を見て「法医学から見た児童虐待の実態を書いて下さい」と言われたのがきっかけです。本書の原稿の多くはその折に書き下ろしたもので、これらの原稿は当初「虐待痕」というタイトルでその出版社から刊行されるはずでした。ところが、すべてのゲラの校正を終え、装丁も表紙のデザインも発行日もほぼ決まり、ネットでの販売予約受付まで始めた段階にまで至って、Aさんと私の認識に大きなズレが存在することが判明しました。「お互いに納得できない仕事をするわけにはいかない」、まさにSudden deathの状態で「虐待痕」は急遽刊行中止となってしまいました。一方、新興医学出版社の編集者林

JCLS 88002-168

峰子さんからも同じ時期に「法医学から見た児童虐待のテキストを書いて下さい」というお誘いを頂いていたので、これらの原稿の存在をお話したところ、テキストではない物語仕立てであるにも関わらず出版を快諾して下さることになり、埋もれかけていた原稿が再び陽の目を見ることになりました。しかし、Aさんの編集にかかったものをそのまま用いるわけにもいかず、編集前の原稿を再び加筆・訂正したり、新たに書き下ろしたりしてようやく刊行に漕ぎ着けました。私の意図を理解して暖かい手を差し伸べて下さった新興医学出版社の林　峰子さんに心よりお礼を申し上げます。

本書はまた、多くの人々に支えられた活動の記録でもあります。とくに私を法医学の世界に誘って下さった福島県立医科大学名誉教授・黒田　直先生、元藤田保健衛生大学医学部教授・内藤道興先生、指導教官として暖かい御指導を頂いた前大阪大学医学部名誉教授・故四方一郎先生、同じく大阪大学大学院医学研究科教授・的場梁次先生、問題児である私をいつも兄のように暖かく見守り、ドイツ留学の機会まで与えて下さった滋賀医科大学法医学講座教授・西　克治先生、一緒にコロンバス小児病院のジョンソン教授の下に研修に出かけ、その後もさまざまな局面において援助をして下さっている大阪府立母子保健総合医療センター主幹・岡本伸彦先生、そして大阪府児童虐待等危機介入援助チームの医師委員として児童虐待の法医学的診断を支えて下さっている岸和田徳洲会病院形成外科部長・

橋爪慶人先生にはこれまでの御指導と御助力に対して心より感謝申し上げる次第です。
　また、朝日新聞論説副主幹の川名紀美さんはいち早く児童虐待の取材に取り組み、国内だけでなく我が国で初めて広く欧米にまで取材を展開され、私が渡米して研修するきっかけを与えて下さいました。読売テレビ報道部の堀川雅子さんは我が国の児童虐待の問題をさまざまな角度から掘り下げた取材を展開されただけでなく、私の再渡米にも同行され、二つのドキュメンタリー番組をはじめとした数多くの報道番組を通じて児童虐待に取り組むさまざまな立場の人々の連携の大切さを教えて下さいました。フリージャーナリストの椎名篤子さん、同じくオレンジリボンネット代表の箱崎幸恵さんは数多くの著書を通じてわかり易く児童虐待の報道を行うだけでなく、実践的活動として厚生労働省や国会にも熱心に働きかけて法制度の制定と改正に尽力されています。ともすれば児童虐待の悲惨さのみを強調した瞬間的報道が多い中、これらの方々は児童虐待の問題を深く洞察した秀逸な報道を展開され、児童虐待を防止するための実践的活動にも尽力されている数少ない貴重なジャーナリストです。多くの人々がこれらの人と手を結び合って一人でも多くの子どもや親が救われることを心より願っています。

　稿を終えるにあたり、本書の刊行を見ることなく天国に逝った父と、家族に本書を捧げ

JCLS 88002-168

ます。

平成二十年二月十四日

JCLS 88002-168

参考資料

著者による発表

1）Kouno A.：Coin-Operated Locker Babies, Murder of Unwanted Infants and Child Abuse in Japan. In：Jamshid A. Marvasti, eds. CHILD SUFFERING IN THE WORLD. Manchester CT, USA：Sexual Trauma Center Publication,（2000）pp285-298.

2）Kouno A. & Johnson C. F.：JAPAN. In：Beth M. Schwartz-Kenney, eds. CHILD ABUSE, A GLOBAL VIEW. Westport CT, USA：Greenwood Press,（2001）pp99-116.

3）河野朗久：第8章：法医学から見た虐待　津崎哲郎・橋本和明編著「児童虐待レポート（最前線からの報告）」ミネルヴァ書房（2008 印刷中）

4）Kouno A. & Johnson C. F.：Child Abuse and Neglect in Japan：Coin-Operated-Locker Babies. Child Abuse & Neglect（1995）19：25-31

5）Kouno A., Inoue H., Bajanowski T., et al.：Development of haemoglobin subtypes and extramedullary haematopoiesis in young rats. Effects of hypercapnic and hypoxic environment. International Journal of Legal Medicine（2000）114：66-70.

6）河野朗久、的場梁次、藤谷 登、ほか：被虐待児に関する法医学的、社会医学的考察．小児科臨床（1989）42：2521-2528．

7）河野朗久、中山雅弘、的場梁次、ほか：大阪府監察医事務所における新生児・乳児変死症例の検討、特にＳＩＤＳ、窒息を中心として．小児科臨床（1992）45：1598-1606．

8）河野朗久、中山雅弘、的場梁次、ほか：乳幼児突然死症候群（Sudden Infant Death Syndrome）、現状、最近の考え方、問題点．小児科臨床（1994）47：213-222．

9）河野朗久：乳幼児突然死症候群の現状と問題点．メディカルコーナー（1994）2：20-24．

10）河野朗久、岡本伸彦、Charles Felzen Johnson：小児虐待の臨床と米国の小児養育問題．法医学の臨床と研究（1994）37：403-410．

11）河野朗久、中山雅弘、小林美智子、ほか：乳児変死症例の研究．大阪医学（1994）28：155-156．

12）河野朗久、中山雅弘、的場梁次：小児虐待と突然死、虐待を疑う乳幼児突然死症例の鑑別診断．小児内科（1995）27：1625-1631．

13）河野朗久、中山雅弘、的場梁次：小児の窒息とその予防．小児科診療（1996）59：1594-1601．

14）河野朗久：窒息．小児内科（1996）28（増刊）：1280-1284．
15）河野朗久：監察医から見た乳幼児突然死の鑑別診断．小児内科（1998）30：505-510．
16）河野朗久：乳児突然死の法医学．乳幼児突然死症候群ハンドブック（1999）大阪府立母子保健総合医療センター刊　15-25．
17）河野朗久：乳幼児の突然死に遭遇したとき．小児科診療（2000）63：327-334．
18）河野朗久：新生児・乳児早期の窒息．ペリネイタルケア（2000）19：383-387．
19）河野朗久監修：虐待から子どもを守りたい、そして親も守りたい．ペリネイタルケア（2000）19：1281-1313．
20）河野朗久：死体検案業務の質の確保等に関する研究、大阪府監察医の視点から．厚生労働科学研究費補助金医療技術評価総合研究事業、平成15年度総括分担研究報告書（2004）133-142．
21）河野朗久：法医学から見た児童虐待．犯罪学雑誌（2005）71：71-80．
22）河野朗久、橋爪慶人、西　克治：子ども虐待を疑う所見・徴候．看護学雑誌（2005）69：1106-1113．
23）河野朗久：法医学的視点から見た児童虐待．日本小児科学会雑誌（2006）110：1193-1200．

24）河野朗久：どう関わるか子ども虐待（診察方法・身体所見のみかた）．小児科臨床（2007）60：687-696．
25）河野朗久：乳幼児の突然死症例と乳児突然死症候群（ＳＩＤＳ）．エマージェンシーケア（2007）20：820-823．

共同研究者による発表

1）的場梁次、藤谷　登、河野朗久、ほか：スポーツと突然死、法医学の立場から．小児内科（1992）24：540-544．
2）的場梁次、藤谷　登、袖崎賢一郎、河野朗久、ほか：心臓性急死における既往歴の統計学的検索および心室ＡＮＰの免疫組織学的検索．心臓（1992）24：54-60．
3）岡本伸彦、河野朗久：コロンバス小児病院における小児虐待への取り組みについて．大阪府立母子保健総合医療センター雑誌（1992）8：152-164．
4）的場梁次、小山宏義、佐藤友紀、ほか：心筋症類似病変、特に中毒性心筋症について．法医病理（1995）1：119-126．

JCLS 88002-168

5）中田　健、桑山真輝、和田晃一、河野朗久、ほか：大阪府下の乳幼児変死症例（２８０例）の疫学的研究、特に乳幼児突然死症候群を中心として．小児科臨床（1996）49：1897-1902．
6）那須野明香、寺山元和、河野朗久、ほか：大阪府下の学童児変死症例（１０１例）の検討．小児科臨床（1998）51：1697-1702．
7）中山雅弘、青木康博、中川　聡、ほか、委員28名：乳幼児突然死症例・診断の手引き．日本ＳＩＤＳ学会雑誌（2001）1：63-83．
8）戸苅　創、河野朗久、中山雅弘、ほか　日本ＳＩＤＳ学会症例検討委員会：なぜ新生児科医はうつぶせ寝による窒息を考えない？　日本ＳＩＤＳ学会雑誌（2004）4：73-77．

他の研究者による重要な著述

1）Caffey J.：The whiplash shaken infant syndrome：Manual shaking by the extremities with Whiplash-induced intracranial and intraocular bleedings, linked with residual permanent brain damage and mental retardation. Pediatrics（1974）54：396-403.
2）Johnson C. F., Loxterkamp D., and Albanese M.：Effect of high school students' knowledge of

child development and child health on approaches to child discipline. Pediatrics（1982）69：558-563.

3）Johnson C. F.：Sudden Infant Death Syndrome vs. Child Abuse：The Teenage Connection. The Journal of Pedodontics（1983）7：196-208.

4）Johnson C. F.：Injury variables in child abuse. Child Abuse & Neglect（1985）9：207-215.

5）Ladson S., Johnson C. F., and Doty R. E.：Do physicians recognize sexual abuse? American Journal of Disability Child（1987）141：411-415.

6）Kaufman K. L., Couly D.：Munchausen syndrome by proxy, A survey of professionals knowledge. Child Abuse & Neglect（1989）13：141-147.

7）Johnson C. F., Kaufman K. L., and Callender C.：The hand as a target organ in child abuse. Clinical Pediatrics（1990）29：66-72.

8）Johnson C. F.：Physicians & medical neglect. Child Abuse & Neglect（1993）17：605-612.

9）Johnson C. F.：Child Abuse to War. Pediatric Directions（1994）：10-13.

10）池田由子：児童虐待、中央公論社（1987）.

11）竹村登茂子：傷の深さ、なぜ我が子の虐待を．リバティブックレット（1989）.

12）川名紀美：親になれない、朝日新聞社（1992）.

13）津崎哲郎：子供の虐待、朱鷺書房（1992）.
14）椎名篤子：凍りついた瞳．（1995）、続・凍りついた瞳．（1999）、新・凍りついた瞳，（2003）集英社．
15）箱崎幸恵・監訳（リンダ・ハリディ＝サムナー　著）：リンダの祈り、集英社（2006）.
16）山崎麻美：子どもの脳を守る、小児脳神経外科医の報告．集英社（2007）.
17）椎名篤子：「愛されたい」を拒絶される子どもたち．大和書房（2007）.
18）龍野嘉紹、井尻　巌、藤田徳雄、ほか被虐待児の司法解剖例の検討．日本法医学雑誌（1978）32：30-38.
19）神田瑞穂：被虐待児の司法解剖例調査．他（日本法医学会課題調査委員会報告）日本法医学雑誌（1980）34：147-157.
20）内藤道興：幼児虐待の研究．犯罪学雑誌（1981）47：207-222.
21）Aoki N., Masuzawa H.：Infantile acute subdural hematoma. Journal of Neurosurgery（1984）64：273-280.
22）舟山眞人：乳幼児突然死症候群と睡眠時体位に関する最近の話題．日本法医学雑誌（1994）48：439-451.

ドキュメンタリー

1）英国ＢＢＣ制作：ＢＳ朝日（迫田一浩）ホライゾン：死角・ＳＩＤＳ予防研究の陰で．（1999）

2）朝日ニュースター制作：（川名紀美）クロストーク：朝日新聞論説委員室から（2004.2.7）

3）読売テレビ制作：（堀川雅子）ＮＮＮドキュメント05'：児童虐待・監察医がみた傷痕（2005.2.20）

4）読売テレビ制作（堀川雅子）報道劇場：児童虐待・傷痕からの救済（2005.4.23）

その他の資料

1）川名紀美：子どもの受難どの国にも．朝日新聞（1990.9.17）大阪本社版17面．

2）箱崎幸恵：法医学の視点と、医師と関係機関の連携が虐待を受けた子どもを守る．ばんぶう・新春特別対談（河野朗久 vs 椎名篤子）（2004.1）48-51．

3）山崎友記子：児童虐待を見抜く視点・河野朗久医師に聞く（インタビュー）．毎日新聞

（2005.2.9）大阪本社版16面．
4）箱崎幸恵：乳幼児突然死症候群（ＳＩＤＳ）の新指針と赤ちゃん突然死の有力な原因の「再呼吸」．ばんぶう・メディカルリテラシー、インタビュー（河野朗久）（2005.9）98-99．
5）岩本　朗：監察医として死因を究明する．センターニュース、ドクターインタビュー（河野朗久）（2005.11）212：1-4．
6）富田　文：安易なＳＩＤＳの診断に疑問．日経メディカル・オピニオン、インタビュー（河野朗久）（2006.2）pp202．
7）山本博之：教育、まずは親から．朝日新聞・視点・関西スクエアから、インタビュー（河野朗久）（2006.4.18）大阪本社版22面．
8）南　文枝：虐待児童１８０人の家庭で23人急死、10人を「突然死症候群」．毎日新聞（2006.6.22）大阪本社版29面．
9）大橋由香子：これは虐待なのか、法医学的診断が子どもを守る．メディカル朝日・インタビュー（河野朗久）（2006.9）15-19．
10）林　美紀：連載・救急医療の横顔．エマージェンシーケア・インタビュー（河野朗久）（2007.2）1-3．

[著者紹介]　**河野朗久**（こうの　あきひさ）
医療法人・河野外科医院理事長。昭和62（1987）年、藤田保健衛生大学医学部卒業後、大阪大学大学院・医学研究科にて法医学、麻酔科学を専攻。箕面市立病院麻酔科、済生会富田林病院麻酔科勤務の後、米国オハイオ州コロンバス小児病院、チャールズ・フェルゼン・ジョンソン教授の下にて児童虐待の臨床診断の研修を受け、その後ドイツ連邦共和国ミュンスター大学法医学研究所にて乳幼児突然死の研究に携わる。
現在、医療法人・河野外科医院にて外科・麻酔科の一般診療の傍ら大阪府監察医、大阪府児童虐待等危機介入援助チーム委員、兵庫県子ども家庭センター児童虐待対応専門アドバイザー、堺市児童虐待等対応援助事業委員、滋賀医科大学客員講師、大阪府警察本部警察医として法医学の実務にも携わる。専門領域は小児の法医学（乳幼児の突然死、児童虐待、子どもの事故等）。

©2008　　第1版発行　平成20年3月31日

傷痕の真実
―監察医の見た児童虐待―

（定価はカバーに表示してあります）

著者　河　野　朗　久

検	印
省	略

発行者　服　部　治　夫
発行所　株式会社　**新興医学出版社**
〒113-0033　東京都文京区本郷6丁目26番8号
電話 03(3816)2853　FAX 03(3816)2895

印刷　株式会社　三報社　　ISBN 978-4-88002-168-3